Elogios a *Las cosas pequeñas*

«En el primer año de nuestra relación con Andy Andrews, Fairway duplicó su volumen de negocio de 5.400 mil millones de dólares a 11.200 mil millones. Actualmente, estamos por delante del ritmo de ese año en un 57%. Andy demuestra lo que enseña, que existe un valor inimaginable en "las cosas pequeñas" que la mayoría de las personas suelen ignorar».

—Steve Jacobson
Fundador y CEO, de Fairway Independent
Mortgage Corporation

«He recomendado a Andy Andrews a los miembros del PGA Tour desde hace años. Desde el más alto ejecutivo al empleado más bajo en el escalafón profesional, Andy les ha hecho notar que las cosas pequeñas de las puntuaciones más bajas, mejoran el juego de los mejores jugadores del mundo. Con este último libro puede hacer lo mismo con su negocio, su familia y su vida».

—Gilbert Little
CEO y socio ejecutivo de Under Par Life, Inc.

«En Kamado Joe, entendemos que no es suficiente tener las mejores parrillas del mercado. Hay maneras sutiles de comunicar la verdad a los clientes potenciales para hacerlos copartícipes en la misión de una empresa. En Andy Andrews hemos encontrado a la persona capaz de comunicar consistentemente esos métodos. Se trata de Andy Andrews. Desde que Andy comenzó a trabajar con nosotros hemos aumentado las ventas en 227%».

—Bobby Brennan
Presidente y CEO de Kamado Joe, Inc.

«¿Se ha estancado? Andy Andrews puede llegar al corazón de su problema más rápido que cualquiera otra persona. Luego, con la misma rapidez, le puede entregar un plan de acción comprensible que le llevará de donde está a donde quiere ir. Sus palabras, habladas o escritas, han cambiado el curso de mi negocio… y de mi vida».

—Cindy Monroe
Fundadora, presidente y CEO de Thirty One Gifts

«Andy Andrews es reconocido por obtener excelentes resultados con individuos, familias, equipos, iglesias y corporaciones. En *Las cosas pequeñas* revela el secreto para obtener todos esos resultados exitosos. Lea con atención el capítulo sobre el cambio. Es innovador».

—EMERSON EGGERICHS, PH.D.
DECLARADO AUTOR BEST SELLER DEL *NEW YORK TIMES*,
DE LA SERIE *AMOR Y RESPETO*

«Conocí a Andy cuando trabajó con nuestro equipo en Alabama. También constituyó un gran recurso para mí en la universidad de Colorado. Como el nuevo entrenador de los Gators de Florida, a una de las primeras personas que llamé fue a él. Las palabras de Andy Andrews son lo primero que leo cuando entro en mi oficina y lo último al salir. Todos los días».

—JIM MCELWAIN
ENTRENADOR DE LOS GATORS, UNIVERSIDAD DE FLORIDA

«Andy Andrews entiende los desafíos que se enfrentan en el mundo actual. Su asombrosa capacidad para identificar los componentes críticos, aunque pequeños, de un gran cuadro lo hacen de un valor incalculable para cualquiera organización que luche por cambiar en un entorno complejo».

—TENIENTE CORONEL MARSHALL B. «BRAD» WEBB
COMANDANTE DEL COMANDO DE OPERACIONES ESPECIALES DE
LA FUERZA AÉREA Y OPERACIONES ESPECIALES DE LA OTAN

«Andy Andrews tiene una habilidad especial para detectar las cosas pequeñas que demarcan la línea entre ganar y perder. Francamente, es por esa razón por la que andy se ha vuelto popular entre los "los fanáticos del fútbol". Nuestros oficiales han estudiado su material, y los entrenadores han escuchado atentamente lo que dice y alientan a sus jugadores a que lean sus libros. De hecho, yo conservo un diario personal con citas que subrayé cuando leí su libro *La maleta*».

—GREG SANKEY
COMISIONADO, CONFERENCIA DEL SURESTE (SEC)

Otros libros por Andy Andrews

Perspectiva: La diferencia entre una vida común y una extraordinaria

El regalo del viajero

Las siete decisiones: Claves hacia el éxito personal

*¿Cómo matar a 11 millones de personas?:
Por qué la verdad importa más de lo que crees*

La oportunidad perdida

Tormentas de perfección: En las propias palabras de los triunfadores

El descanso: Una historia de segundas oportunidades

*La cumbre final: Una búsqueda para encontrar el único
principio que salvará a la humanidad*

La maleta: A veces, todo lo que necesitamos es un poco de perspectiva

Las
COSAS
PEQUEÑAS

POR QUÉ REALMENTE *DEBERÍA*
PREOCUPARSE POR LAS PEQUEÑAS COSAS

ANDY
ANDREWS

AUTOR *best seller* DEL *New York Times* DE
La maleta Y *El regalo del viajero*

GRUPO NELSON
Desde 1798

Para otros materiales, visítenos a:
gruponelson.com

© 2017 por Grupo Nelson®
Publicado en Nashville, Tennessee, Estados Unidos de América.
Grupo Nelson es una marca registrada de Thomas Nelson.
www.gruponelson.com

Título en inglés: *The Little Things*
© 2017 por Andy Andrews
Publicado por W Publishing Group, una subsidiaria que pertenece completamente a
Thomas Nelson.

Editora en Jefe: *Graciela Lelli*
Traducción: *Eugenio Orellana*
Adaptación del diseño al español: *Mauricio Diaz*

ISBN: 978-0-310-09196-7

Impreso en Estados Unidos de América
17 18 19 20 DCI 6 5 4 3 2 1

A Maryann y Tyler,
estoy eternamente agradecido por su influencia y ejemplo.

Contenido

Introducción

> *Estoy a punto de tomar una creencia que usted ha mantenido durante años —una suposición sobre lo que se requiere para llegar a la cúspide de su profesión o para vivir una vida exitosa— y ponerla patas arriba.*

MUY PRONTO PODRÁ COMPRENDER CÓMO Y POR QUÉ un simple ajuste en la perspectiva puede producir, personal y profesionalmente, resultados mucho más allá de lo que la mayoría de la gente nunca se imaginó.

¿Le interesa?

Antes de seguir, sin embargo, permítame presentarme. Me llamo Andy Andrews. Y soy un *observador*.

Es muy posible que yo sea el primer observador *profesional* que haya conocido. Admito que este título es una especie de etiqueta convencional, pero no encontré otra palabra que describa mejor lo que hago. Una persona puede tener una voz increíble o ser atléticamente dotada. Otras pueden tener un don especial para las matemáticas, la moda o la enseñanza. ¿Yo? Observo cosas. O, más específicamente, me doy cuenta de cosas que pasan desapercibidas a los ojos de los demás.

Si usted acaba de conocerme, puedo imaginarme su reacción. «¿En serio? ¿De verdad observa y detecta cosas? ¡Yo pensaba que los detectores eran instrumentos y aparatos hechos por el hombre, y ahora resulta que usted es un observador y detector! ¿Y con eso se gana la vida? ¡Vaya, qué curioso!».

Entiendo perfectamente su reacción. Por mucho tiempo yo me hacía las mismas preguntas, e incluso no estaba seguro si dedicar mi vida a esto. Después de todo, ser un observador no es algo que haya desarrollado. Sencillamente es algo innato en mí (¿era? ¿es?) Como quiera que sea, hubo un periodo en mi vida cuando observaba solo cosas divertidas. Al menos eran lo suficientemente divertidas como para que pudiera ganarme la vida con ellas... como comediante.

¡Se lo digo en serio! Durante varios años trabajé en Las Vegas, en campus universitarios, estuve en programas de televisión, y salí de gira con algunas de las estrellas más importantes del mundo del espectáculo en aquellos tiempos: Kenny Rogers, Cher, Garth Brooks y otros. ¡Y estuve en el show de Joan Rivers durante dos años completos!

Fue mi calidad de observador lo que permitió que pasara todo eso que le describo. Yo veía las mismas cosas cada día que todos los demás veían. Escuchaba las mismas palabras y frases que todos los demás oían. Y esas palabras y frases se usaban de la misma manera. Pero por alguna razón yo veía, oía y percibía algo un poco diferente. Por ejemplo:

> Mi madre solía decirme, «No juegues con ese palo. ¡Te vas a sacar un ojo!». Y yo siempre pensaba que uno no se puede sacar un ojo con un palo a menos que se meta el palo por la nariz.

¿Ve lo que quiero decir?

En algún punto empecé a preguntarme si no podría hacer algo más para el público que simplemente hacerlo reír. La respuesta fue que sí. De hecho, todo lo que hice para transformar en cómico situaciones ordinarias es lo mismo que hoy hago para discernir las diferencias sutiles que pueden ser aprovechadas por individuos, equipos deportivos y empresas para separarse del promedio en sus respectivos casos.

Actualmente, aunque la parte más importante de mi vida es ser marido y padre, sigo trabajando con los principales equipos deportivos, con grandes corporaciones, padres, iglesias, comunidades, y ocasionalmente con gente del gobierno y personal militar.

Además, muchos de mis libros: ficción y no ficción se enseñan en las aulas escolares junto con otras materias como historia, inglés, lectura y literatura americana.

Cuando maestros y profesores comenzaron a interesarse por mis libros, nadie estaba más sorprendido que yo. Poco después de comenzar a indagar, con la ayuda de mi representante y amigo de años, Robert D. Smith, tomé una decisión acerca de los libros y sus correspondientes planes de estudio. Esa decisión le dio al proyecto un golpe de timón de 180 grados, poniéndolo exactamente en la dirección opuesta a las normas corrientes de la industria de la educación y las publicaciones. Robert y yo determinamos que podíamos asumir los costos de publicar estos materiales y proporcionárselos a los profesionales de la enseñanza de forma gratuita.

Decir que la decisión fue algo inesperado es un eufemismo. Pero tanto Robert como yo somos producto de la educación pública y ambos hemos experimentado personalmente las necesidades de los maestros y las escuelas y su desesperación por ayudar a los niños en su aprendizaje. Por desgracia, a menudo no pueden pagar el material, incluso el mejor material para complementar la base del plan de estudios requerida por el gobierno federal.

Hoy me siento feliz de decir que los educadores han buscado cada plan de estudios —diseñado para primaria, la secundaria, High school, la universidad y los cursos de nivel graduado— para sus clases en más de dos mil quinientos sistemas escolares y universitarios en los Estados Unidos.

Por cierto, nada de esto sucedió porque yo sea de alguna manera una persona especial. Sucedió porque, hace varios años, decidí *pensar* de forma diferente. En las páginas que siguen le voy a mostrar exactamente lo que quiero decir y, si lo desea, le guiaré para que en su propia experiencia alcance algunos de los diferentes resultados.

En caso de que se lo esté preguntando sí, todavía escribo y doy conferencias. Déjeme decirle que todos los días, a través de mi página web, me comunico con muchas personas en todo el mundo. Y tengo verdadera pasión por mi búsqueda de esas cosas *esas cosas pequeñas,* que cuando las entiendo y aprovecho, me permiten ayudarle a USTED a crear una vida de propósito extraordinario y de tremendos resultados. No se trata tanto de determinación y de fuerza de voluntad sino de comprender con profundidad ciertos principios y *por qué* funcionan... una y otra vez. Nada me emociona más que concentrarme en la búsqueda de esas cosas pequeñas que marcan grandes diferencias. Después de todo, basta la más pequeña esencia de algo para conocer su pureza y, por consiguiente, la fuente de su poder.

¿Recuerda este dicho: «No se preocupe por las cosas pequeñas»? Seguramente lo ha escuchado miles de veces y, honestamente, en la superficie, la advertencia parece ser completamente lógica. Y, sin pensar demasiado profundamente acerca de esta frase aparentemente inocente, hemos aceptado su significado con toda sinceridad. De hecho, nuestra creencia en la verdad de esta afirmación es tan completa que podemos encontrarla buscando en la Internet palabras como *sabiduría* o *proverbios*. Millones de nosotros incluso hemos comprado algún libro con estas palabras en el título.

Por desgracia, tan bien como suena y tan tentador como puede ser seguir esa instrucción, hay un gran problema en no dar importancia a las cosas pequeñas. Dicho de manera simple, ese principio encierra un enfoque decididamente improductivo a prácticamente todo lo que pueda considerar importante en su vida.

Si realmente espera que los resultados de su vida sean mejores que el resto de la media de la humanidad, debería ser inteligente para entender que a veces... la sabiduría convencional no es igual a la verdad.

O, dicho en otras palabras, es el momento de darle importancia a las cosas pequeñas.

Hay quienes dicen ser personas de visión global. Debido a que, a menudo, sus descripciones de los resultados futuros son grandiosas y emocionantes, solemos elevar a tales personas a posiciones de liderazgo demasiado rápido. Pues a pesar de sus grandes sueños, pueden no tener un concepto claro de todas las cosas pequeñas que deben tenerse en cuenta, delegadas, resueltas y ejecutadas para que el cuadro grande realmente esté completo.

Sí, es fundamental tener una visión. Pero es absurdo ignorar el hecho de que cada imagen global se creó con pequeños movimientos, casi imperceptibles, de un pincel y una mano.

Una de las más «grandes pinturas» de la historia se encuentra en el Museo del Louvre. Cuando Leonardo da Vinci pintó la *Mona Lisa*, decidió trabajar con el pincel más pequeño que no había utilizado antes. La presión que aplicó con ese pincel fue tan delicada y los movimientos sobre la tela tan leves que, hoy en día, incluso con una lupa, no se pueden discernir las pinceladas individuales. Sin embargo, es obvio que las aplicó una a la vez, cuidadosamente y con una atención amorosa.

¿Por qué? Porque da Vinci estaba creando una obra maestra.

¿Qué está creando usted? ¿A qué o a quién está dando atención a medida que construye su vida? Aunque su familia le dé las espaldas, sea lo que ocurra con su negocio, en su organización, o en su equipo, al final de todo, sea que produzca un desastre o una obra maestra, todo se habrá creado con una pequeña pincelada a la vez.

Así que, más vale que se preocupe por las cosas pequeñas.

¡Se lo digo en serio!

Nota del autor

¡OH! ¿SIGUE AHÍ? ESO ES UNA BUENA SEÑAL, SUPONGO. Es decir, tiene el libro abierto y lo tiene en sus manos; por lo tanto, la introducción no le llevó a arrojarlo como un *frisbee* a través de la ventana. O tal vez usted sea como yo, que cuando se trata de prólogos, introducciones y prefacios, rara vez los leo.

Sin embargo, como usted lo está haciendo en este momento, leo las notas del autor, porque siempre pienso que deben contener algo que el autor ha querido transmitir al lector y que se ha olvidado de incluirlo en el conjunto de su obra. O quizás fue algo que descubrió después de que el libro estaba escrito.

Siempre he pensado que la decisión de incluir una nota del autor en un libro es como tener que volver a la oficina porque se acordó de algo que deseaba compartir con un compañero en la hora del almuerzo. O es como uno de esas pequeñas notas adhesivas amarillas, o rosadas, escritas y pegadas a último minuto para un amigo. Lo crea o no, la mayoría de los autores piensan que los lectores van a leer su libro con las ganas con que ellos lo escribieron. (*¡Oh si, piensa, a ella le va a encantar esta parte!*). Cuando el manuscrito está terminado, tan inconsciente como puede estar acerca de la relación autor-lector, el autor siente que ha logrado establecerla con usted. Raro, ¿verdad?

En mi caso, cuando termino un libro, el lector permanece en mi mente. Sí, *es* extraño, pero lo extraño. Echo de menos pensar en cómo preferiría una frase en un cierto párrafo. De vez en cuando incluso me preocupo por él. Cierno en mi mente algunas partes del libro y me pregunto: ¿*Entenderá* esto? ¿*Podrá captar esa referencia?* ¿No parece este pasaje *demasiado duro?* ¿Querrá *leer esto a sus hijos?*

Después de varios meses, el editor me devuelve el manuscrito para una corrección de pruebas, y bastante a menudo estaré pensando, ¿le agregaré una nota del autor?

«¿Por qué quiere hacer eso?» me preguntará, invariablemente, el editor. «Porque hay algunas cosas que me gustaría explicar». O, «Porque quisiera hacerle al lector un llamado de advertencia sobre ciertos asuntos antes de que los lea».

Por lo general, en el mundo de los libros, es prerrogativa del autor escribir al lector una nota si lo desea. A esto es que se le llama una nota del *autor.* El editor rara vez se opone. Aunque estoy en un estado de ánimo revelador, y dado que esta es una nota personal para usted, permítame que me salga de las líneas de etiqueta literaria y un poco atolondradamente le diga que la nota del autor quizás sea la única cosa que un editor *no* va a discutir.

Las introducciones y los prólogos son otro ejemplo. Si el libro está destinado a la no ficción, el editor insistirá en que sea de ficción. Y yo creo entender sus razones. Con la ficción, hay una historia con la cual cautivar al lector. Hay una acción inmediata que permite a la novela decirle al lector: «¡No te deshagas de mí!». Pero no es fácil comenzar un libro de no ficción con un asesinato o con múltiples explosiones. Para eso tenemos la introducción. Es la esperanza de un editor que un tema apenas interesante se explique bien de tal manera que el lector quiera seguir leyendo.

Es que, para mí, una introducción es algo que no tiene sentido. «¿Ha escrito ya la introducción?», preguntará el editor.

¿La introducción de qué? dirán muchos autores. *¿Qué se supone que debo escribir en la introducción? ¿Debo revelar al lector lo que está a punto de leer? Él ya compró el libro. ¡Que lo lea! ¿Usted quiere que le diga lo que ya dije, pero que se lo diga de una manera diferente? ¿Por qué? Ya lo expliqué tan claramente como pude, y eso es lo que está en el libro. ¿Quiere que escriba una no-tan-buena versión para que la*

lean antes de leer la versión desarrollada? Después de leer la introducción, ¿van a seguir con deseos de leer el resto del libro?

Por supuesto, los autores quieren estar en buena relación con los editores, por lo que tratan de hacer lo que les pidan con una sonrisa. Es raro que los editores perciban gestos de disgusto en nuestra mirada... hasta que la próxima sentencia haga su entrada en escena una vez que la introducción ha sido escrita. «¿No cree...» va a preguntar, «que este libro requiere un prólogo? ¿Va a encontrar a alguien para que le escriba el prólogo, o quiere que nosotros busquemos a una celebridad para que lo haga?».

Una vez más tengo que preguntar, «¿Qué espera que diga una celebridad? "¡Este sí que es un buen libro! ¡No deje de leerlo!". El lector *ya tiene* el libro. Está a punto de comenzar a leerlo y lo hará si podemos simplemente PARAR con todos los prólogos, introducciones y prefacios?».

¡Hum!

Ahora que lo pienso, probablemente por eso sea que me he saltado tantas introducciones y he pasado por encima de varios cientos de prólogos y de más de una tonelada de prefacios. Francamente, para mí son, por lo general, ¡aburridísimos! (A mis amigos autores quiero asegurarles que no me estoy refiriendo a sus libros. De hecho, no sé de ninguno de ellos que haya incluido en su libro un prólogo, un prefacio o una introducción aburridos).

Déjeme decirle lo siguiente: Si alguien decide añadir algo a la esencia del libro, especialmente al principio, esto es todo lo que le pido: Por favor, no me aburran. Prefiero que me peguen un tiro antes de que alguien me aburra. Infórmeme. Entreténgame. Hágame reír. Enséñeme algo. Enójeme. Solo le pido que sea interesante.

Dicho esto, aquí está el propósito de mi nota de autor a usted: explicar brevemente el estilo en el que he escrito este libro para que mi editor pueda evitar lo que mi abuela solía llamar un ataque de histeria. («Cálmate. No vengas ahora con una rabieta delante de todo el mundo»).

Por lo tanto, el estilo que he adoptado para este libro, querido lector, es el mismo que usted y yo usaríamos si estuviésemos conversando a voz audible en el jardín mientras disfrutamos de un refresco.

Divagaré un poco; en ocasiones seré un sabelotodo y algunos puntos los machacaré como con un martillo. (De vez en cuando quizás volvamos sobre esos u otros puntos con un martillo en la mano). Podría maquillar algunas palabras complicadas, dejar algunas frases incompletas, o hacer un capítulo más largo o más corto que los demás. Pero le puedo asegurar una cosa: No lo voy a aburrir.

El aburrimiento es el mayor indicador del mundo moderno del autoengaño, y un principal ejemplo de cómo, una gran proporción de la gente en el siglo XXI, es «librofóbica»; es decir, piensan que no les gusta leer. Pero se equivocan. ¡Les gusta leer! Solo se imaginan que no les gusta. De hecho, cuando pienso en todas las personas que he conocido y que se han etiquetado como «alguien a quien no le gusta leer», me asombro al notar que, en cuestión de minutos, todas y cada una está admitiendo que estaban equivocadas. Interesante, ¿verdad?

Con una gran sonrisa en el rostro, fíjese en lo que le voy a decir: «¡Oh, vamos! Eso no se lo creo». Riendo, miro a mi alrededor por un segundo como si estuviera en un programa de cámara oculta, entrecierro los ojos con sospecha. «En serio… ¿me va a decir que nunca ha leído algo que lo hizo reír a carcajadas? ¿Qué nunca ha leído algo que le hizo saltar las lágrimas o le produjo un nudo en la garganta?».

Deteniéndome solo por un instante, regreso a «¿En serio? Quiero decir, vamos… ¿de verdad? ¿Va a pararse frente a mí, mirarme a los ojos y decirme que no ha leído nunca nada que lo haya dejado pensando por el resto del día? ¿O de lo que le habló a la próxima persona con la que se encontró?

»Respóndame. Tenemos que conectarnos con la realidad…». Entrecierro los ojos. Ambos nos estamos riendo. «Solo responda esto», digo. «Hablando en serio, ¿puede decirme honestamente que nunca ha leído un correo electrónico que le impactara? ¿O nunca ha leído un correo electrónico tan extraordinario que inmediatamente lo haya reenviado a todos sus amigos?».

A estas alturas, incluso el reducto más difícil tendría que admitir que ha hecho todo lo que he mencionado. En ese momento, iluminado como si una idea se me acabara de ocurrir, doy el golpe de gracia. «Ooh…» empiezo, como si todo empezara a aclararse. «Entiendo lo que está diciendo. Cuando dice que no le gusta leer, lo que realmente quiere decir es que no le gusta leer libros aburridos y poco interesantes. Asombroso, ¿verdad? ¡Ni a mí!».

En este punto me sonrío y los miro directamente a los ojos. Ellos también sonríen. Se dan cuenta de que están atrapados. «Veamos» les digo con un tono conspirativo. «Ustedes saben que soy un escritor. Pero no estoy diciendo que tienen que leer mis libros. Lo que estoy diciendo es que para que consigan lo que desean en la vida deben leer libros de *alguien*. Solo encuentren a alguien que no los aburra al extremo de hacerlos derramar lágrimas». Y nos reímos.

Esto es lo último que les voy a decir: «¿Saben qué? No solo no me gusta leer libros aburridos, sino que tampoco me gusta ser aburrido. Punto. Ni siquiera por un corto tiempo. Ustedes deberían usar mi cura infalible para el aburrimiento. Muchas veces arranco de un tirón unas cuantas páginas de cualquier libro que esté leyendo y me las meto en el bolsillo. Cuando estoy en la fila en una tienda o en el banco, cuando debo ir al baño, o esperando a mi esposa o a uno de mis hijos, debido a que no me gusta aburrirme, saco las páginas de mi bolsillo y me entretengo leyendo. ¿Qué les parece?

No tengan miedo. Es solo cuestión de unas cuantas páginas. No hay nada malo en hacerlo. No es como arrancar páginas de la Biblia (aun cuando si arranco una página significa que la voy a leer, y le apuesto que Dios me daría su aprobación). Me imagino que, si puedo leer algo en treinta segundos o en un minuto, y me da una ventaja para mejorar mis ingresos o tener más paz en mi familia, lo haré. La alternativa es quedarme sin hacer nada y aburrirme, lo cual es inaceptable».

Para mí como escritor, el aburrimiento también es inaceptable. así que deliberadamente he escrito este libro en ráfagas cortas. Hay en él historias interesantes que hacen que un punto tenga un propósito más allá del punto. Algunos capítulos son cortos en tanto que otros son un poco más largos.

Hay capítulos que le harán reír. Se va a encontrar con un par que podría hacer que se sienta incómodo, pero todos ellos, espero, le harán pensar de manera diferente. Hay capítulos que le traerán paz a su familia, y hay unos pocos —ponga mucha atención a estos— que cuando usted logre aprovechar lo que enseñan, le podrán ayudar a ganar mucho dinero o convertir su equipo en un ganador.

En cualquier caso, le prometo que encontrará cosas pequeñas en cada página que le permitirán hacer de su vida lo que siempre soñó. ¡Así que, adelante! ¡Arranque un par de páginas y comience a leer!

—Andy Andrews
Orange Beach, Alabama

Prefacio

¡NO! ¡ESTOY BROMEANDO! NO HAY TAL PREFACIO. ASÍ
es que vuelva la página.

✑ Uno ✑

Una cosa pequeña...
como un uno

*¿Cuántas ideas hay por ahí, esperando
pacientemente para que usted las haga suyas?*

¿Cómo va esa canción? ¿La recuerda, verdad?

Uno es el número más solitario que hará jamás...

Es sorprendente cuando se piensa en ello. Harry Nilsson escribió
una pieza musical sobre el número más pequeño del mundo, *Three Dog
Night,* que grabó como un sencillo y que llegó a ser un éxito rotundo.

Por supuesto, el *uno* no es solo pequeño y solitario. Ese número
envuelve una gran cantidad de poder. Si, uno. Un segundo, un grado,
una idea, uno más...

¿Uno más? Ah sí. Eso sería *dos.* Y hay una diferencia abismal
entre uno y dos. De 1967 a 1973, el equipo masculino de baloncesto
de la UCLA bajo John Wooden ganó su séptimo campeonato con-
secutivo nacional. ¿No está mal, verdad? Siete veces consecutivas el
equipo terminó la temporada siendo el número uno. ¿Puede usted
nombrar a alguno de los equipos que se quedaron en segundo lugar?

¿Quién ganó la última Super Bowl? Lo recuerda ¿verdad?
Rápidamente ahora, ¿a quién le ganaron? Extraño, ¿verdad? Con
más de treinta equipos de la NFL, la mayoría de nosotros no podemos recordar el segundo mejor equipo de hace menos de un año.

Los Juegos Olímpicos modernos se han realizado por más de un siglo y han sido la fuente de muchos momentos memorables —incluso legendarios— para tantos de nosotros. Le pregunto: ¿cuántos medallistas de oro puede nombrar? Ahora haga una lista de los medallistas de plata que pueda recordar. No se sienta mal. Yo no puedo nombrar más de un par de ellos. Pero de eso se trata, ¿no? Hay una gran diferencia entre uno y dos.

¿Qué sucede con una idea? El avión, la penicilina, el aire acondicionado, las computadoras y un millón de otros inventos, antes de que fueran realidades físicas y utilizables no eran más que ideas. De hecho, cada uno era UNA idea. Es una realidad formidable. Con el fin de cambiar su vida, todo lo que USTED necesita es una idea.

Incluso en los momentos más difíciles, una idea puede salvar el día. En los tiempos de crisis, muchos dan como excusas el no tener el dinero suficiente, el no tener el tiempo suficiente, o carecer de un buen líder.

Es importante recordar, sin embargo, que usted no está realmente falto de dinero. Tampoco está corto de tiempo. O de un buen liderazgo. Solo le falta una cosa: una idea.

Una idea puede cambiarlo todo. Una idea puede cambiar el mundo. Usted y yo hemos visto cómo, una sola idea, puede producir miles de millones de dólares. Hemos visto una idea salvar millones de vidas. Y una idea puede llevarlo desde donde está hasta donde quisiera estar.

Dicho sea de paso, nunca se permita creer que todas las grandes ideas ya han sido abordadas. No olvide que, como sociedad, pusimos hombres en la luna antes de que a alguien se le ocurriera ponerle ruedas a las maletas.

¿Cuántas ideas hay por ahí, esperando pacientemente que usted las haga suyas?

O piense no solo en el poder de uno, sino en el poder de una *fracción* de uno. Al considerar una compensación económica u oportunidades futuras ¿hay también una brecha significativa en esos asuntos entre los lugares primero y segundo? Por supuesto que la hay. ¿Pero cuán grande es la brecha?

La diferencia económica en las oportunidades que se le ofrecen a un medallista de oro en contraste a las que se le ofrecen a una medallista de plata es difícil de cuantificar teniendo en cuenta la variedad de deportes olímpicos que están compitiendo. Pero está claro que Michael Phelps tiene más oportunidades en la vida, personalmente como en los negocios, porque ganó medallas de oro que si «solo» hubiese ganado medallas de plata.

A décadas de haber ganado medallas de oro, a atletas como Mary Lou Retton, Sugar Ray Leonard, Carl Lewis, Peggy Fleming y Mike Eruzione se les recuerda y se les venera. También siguen siendo bien compensados. De hecho, a muchos medallistas de oro se les pagan decenas de miles de dólares solo por pararse frente a un grupo de personas y relatar sus experiencias atléticas. A los medallistas de plata también, pero menos.

«Muy bien», dirá usted. «Todo eso es muy obvio. ¿Y para qué sirve?».

Bueno, es muy simple, pero por alguna razón a menudo perdemos su utilidad en nuestra lucha casi constante por entender ese siempre popular panorama general. El propósito de demostrar la brecha entre el primer y el segundo lugar no es ilustrar la diferencia financiera. Ni incluso mostrar la recompensa económica producida con el tiempo por la fama duradera.

No, si usted y yo vamos a llegar a ser triunfadores extraordinarios, tenemos que aprender a reconocer las cosas pequeñas que en realidad *crean* la brecha y, en consecuencia, la diferencia de oportunidades entre uno y dos. Sorprendentemente, estas cosas pequeñas que la mayoría la gente ve como irrelevantes a veces se producen días o incluso semanas antes del evento.

Y sepa esto: la diferencia realmente *está* en las cosas pequeñas porque la verdadera brecha entre el primero y el segundo lugar es muy a menudo ridículamente pequeña. De hecho, hay múltiples deportes olímpicos en los que la diferencia entre el primero y el *décimo* lugar es de menos de un segundo.

Durante una de sus muchas apariciones en los Juegos Olímpicos, el nadador estadounidense Michael Phelps ganó una vez una medalla de oro por una centésima de segundo. Piense en eso. Una centésima de segundo es menor que la cantidad de tiempo que tarda un relámpago en golpear. A un colibrí le toma más de una centésima de segundo batir las alas una vez. El parpadeo de un ojo tarda más de una centésima de segundo.

Aquí está la verdad que el cumplidor promedio nunca se molesta en considerar: la ventaja en cualquier ámbito de la vida se gana con mucha anticipación al momento en que uno tiene que actuar. La verdad sobre la carrera de Phelps es que la pequeña explosión que lo llevó a la victoria la había adquirido de una manera casi imperceptible. Pudo haber sido un sorbo más de café esa mañana. O una vuelta más durante la práctica de la semana anterior. O cinco minutos de descanso adicional aquí o allá.

¿O pudo haber sido un pensamiento?

Toda actividad y movimiento se inicia en el cerebro. ¿Pudo haber tenido Phelps un pensamiento negativo durante la carrera, una duda momentánea que pudo haberle añadido dos centésimas de un segundo a su tiempo? ¿O pudo haber sido un pensamiento positivo dicho a sí mismo, en voz baja en el punto de partida, el responsable de la centésima parte de un segundo que marcó la diferencia entre el oro y la plata?

Por ganar esa carrera en particular, Speedo, el expatrocinador de Phelps le hizo entrega de un cheque por un millón de dólares (que él entregó de inmediato para obras de caridad). Así, lo que fuera que Phelps hizo y cuando fuera que lo hizo, usted puede estar seguro que fue extremadamente valioso.

E increíblemente pequeño.

✑ Dos ✑

Una cosa pequeña...
como un puñado de clavos

Asegúrese de tener todos los detalles cubiertos. Si no se toma el tiempo para hacer las cosas correctamente, ¿tendrá la oportunidad de hacerlo más adelante?

¿SE HA PREGUNTADO ALGUNA VEZ POR QUÉ HAY A menudo versiones tan diferentes de un mismo evento que ocurrió hace cientos de años? Versiones que compiten sobre la misma historia aparecen con frecuencia cuando uno explora el registro histórico. La historia es así, sin duda. Muchas personas no se dan cuenta de la diferencia que hay entre «historia» y «pasado». Para ponerlo en forma simple, *pasado* es lo que realmente ocurrió. *Historia* no es más que lo que alguien escribió acerca de lo que ocurrió.

En una palabra, el contraste entre los dos revela por qué es posible encontrar tantas versiones diferentes de un mismo hecho en la Internet o en los libros de historia. Esto también explica por qué, cuando un incidente se vuelve a contar o a reescribir, pequeñas partes de la versión original son a menudo ignoradas o editadas. Lamentablemente, estas pequeñas omisiones pueden cambiar drásticamente lo que los eruditos y la sociedad en su conjunto son capaces de aprender de lo que *realmente* sucedió. Un ejemplo clásico es la historia de la victoria de Napoleón en Waterloo.

«Espere un minuto», dirá usted. «¿Cómo que la victoria de Napoleón? Él fue derrotado en Waterloo». «Por supuesto» le diré yo.

Está en lo correcto. Es cierto que Napoleón fue vapuleado aquel día, pero solo después de haber ganado. Aquí está la historia.

En febrero de 1815, Napoleón escapó de Elba, donde había sido desterrado por los gobiernos aliados de Europa. Esto señaló el comienzo de lo que ahora conocemos como los Cien Días. Durante este tiempo todos estaban inquietos en las capitales europeas. Napoleón los tenía aterrorizados. Esos temores estaban bien fundados, porque cuando Napoleón llegó a París, el primer movimiento que hizo fue organizar un ejército con el propósito expreso de barrer el continente.

Muchos de sus antiguos generales o estaban muertos o habían dejado de serle leales. A Desaix lo habían asesinado en Marengo, Lannes en Aspern. Junot se había pegado un tiro. Nada de esto preocupó a Napoleón. Él se creía capaz de dirigir solo. Era un genio militar. Después de todo, todo el mundo se lo decía.

Sorprendentemente, después de varios meses de campaña, parecía que la opinión que Napoleón tenía de sí mismo era bastante certera. No fue sino hasta el 18 de junio, que la situación del emperador dio un giro dramático. Esa mañana, justo después del amanecer, Napoleón estaba desayunando con sus generales en la finca Rossomme, su cuartel general temporal. Uno de sus líderes expresó en alta voz su preocupación por la posición privilegiada de Wellington, que se encontraba en un terreno elevado en Mont-Saint-Jean.

El emperador se burló, «¡No importa donde Wellington elija luchar. Nadie podrá derrotarnos!». Y, de hecho, parecía que la suya era una bien razonada confianza. Napoleón tenía 72.000 hombres y 246 cañones en comparación con los 67.000 de Wellington y sus 156 cañones.

Montando un pequeño caballo color pardusco, Napoleón lucía una capa gris con un chaleco de seda púrpura oscura que era como se había vestido esa mañana. Botas que le llegaban hasta más arriba de las rodillas cubrían sus pantalones blancos. Cuando estaba a punto de mandar a sus tropas a la batalla, se volvió a su segundo en el mando, el mariscal Michel Ney, y le dijo: «Si mis órdenes se ejecutan bien, esta noche dormiremos en Bruselas».

Durante todo el día, Napoleón estuvo enviando oleadas de su infantería contra las fuerzas de Wellington. Al final de la tarde, Ney y su caballería habían tenido tanto éxito que estaban listos para concluir la batalla. Los cinco mil soldados que formaban la caballería de Napoleón eran combatientes fuertes, efectivos y experimentados. Mientras los mejores caballos de Europa se revolvían ansiosos como si quisieran entrar de una vez en acción, el sol dejaba caer sus rayos directamente sobre el acero de cinco mil espadas. Al pasar el emperador revista a sus tropas por última vez, en las puntas de cinco mil lanzas, flameaban al viento gallardetes y estandartes.

La estrategia de Napoleón era separar a las tropas enemigas de sus cañones con lo cual esperaba quitarles sus armas más efectivas. Un ataque bien ejecutado de su caballería sería devastador. *No podía fallar.* Todo lo que tenía que hacer era alejar a los hombres de Wellington de sus cañones. Para alcanzar ese objetivo, decidió no mandar a la batalla a sus soldados divididos en batallones, sino atacar con todos en un solo gran frente.

A las 4:03 p.m., se inició la ofensiva. Contando con el apoyo de la artillería, la caballería francesa se situó en el centro del ataque. Los jinetes avanzaron al trote, poniéndose a tiro de la masiva fuerza británica. Casi inmediatamente, los británicos abrieron fuego.

Al frente de la caballería, Ney blandió su sable apuntando hacia delante, lo que tenía que interpretarse como: ¡A la carga! Sin vacilar, cinco mil caballos se lanzaron al galope haciendo que la tierra temblara por el golpeteo de sus cascos. «*¡Vive l´Empereur!*» gritaban los hombres, mientras corrían a enfrentarse con el enemigo.

En el otro lado, el coronel Cornelio Frazier, comandante del batallón de Wellington, veía que la peor pesadilla estaba a punto de transformarse en realidad. Una galopante marea de polvo y acero se aproximaba a sus posiciones. ¡Nos van a arrollar! pensó. Los hombres de Napoleón avanzaban en dos filas, rodilla con rodilla, Aunque se dirigían contra el frente de la artillería enemiga, el coronel Frazier se preguntó cuántos asaltos podrían resistir sus tropas.

Las balas disparadas por los cañones de Wellington —que en esa época no eran explosivas como serían más tarde— desgarraron extremidades y derribaron caballos. Los jinetes cayeron a tierra, pero nada de eso detuvo la carga. Entonces, ante el sonido de la corneta, cinco mil lanzas británicas formaron delante de los caballos franceses un muro de acero prácticamente infranqueable.

Sucesivas ráfagas siguieron destrozando extremidades de los jinetes de Napoleón. Los cañones de Wellington, apostados en una colina, no se daban descanso; sin embargo, nada detuvo la carga de la caballería francesa.

Los artilleros de Wellington lograron lanzar un nuevo ataque contra jinetes y caballos que ya estaban prácticamente encima de ellos. Menos de cinco minutos más tarde, Ney avanzó para ver cómo los artilleros británicos abandonaban las varas con esponjas en los extremos que usaban para limpiar los cañones después de cada andanada y retrocedían. La batalla continuó hasta que la infantería francesa hubo capturado todos los cañones enemigos.

Lo habían logrado. Ney y su caballería habían alejado a los artilleros ingleses de sus cañones. La infantería francesa había capturado las armas enemigas. ¡Napoleón había derrotado a Wellington en Waterloo!

Es una gran historia, ¿verdad? Y absolutamente cierta. Lo que rara vez se menciona, sin embargo, es el pequeño detalle que se pasó por alto ese día, e hizo que la rueda de la fortuna diera una vuelta en reversa que nadie se esperaba. Fue realmente una «cosa pequeña», que transformó la victoria de Napoleón en una derrota tan devastadora que no solo puso fin al dominio y reputación del emperador, sino que selló para siempre la palabra *Waterloo* como un sinónimo histórico para «un castigo final merecido».

En aquellos tiempos, tanto la artillería francesa como la inglesa utilizaban cañones fabricados de bronce y que se cargaban por la boca. Cada uno pesaba más de una tonelada. Se disparaban allegando una llama o un fusible a un pequeño orificio que tenían en la parte superior. Tradicionalmente, cuando las tropas se veían forzadas a abandonar sus cañones, introducían a martillazos en el orificio clavos sin cabeza con lo que dejaban los cañones inservibles.

Aquel día, antes de la batalla, varios soldados de la infantería francesa habían buscado en vano un barril de clavos. «¡Clavos!» gritaban, «¡Necesitamos clavos!». En medio de tanto desorden, nadie les prestó atención.

Como ya saben, Napoleón derrotó a Wellington. Rebasaron las tropas británicas y tomaron posesión de su artillería. Durante varias horas, la batalla arreció hacia uno y otro lado hasta que finalmente un grupo de hombres de Wellington consiguió recuperar sus cañones. Pronto, otro grupo recuperó los suyos. Y de repente, los cañones británicos que deberían de haber estado fuera de uso, se volvieron contra los franceses, y transformaron su victoria en derrota.

Testigos afirman que Napoleón permaneció de pie en una colina observando el desarrollo de la batalla. Junto a su caballo y con las manos en la espalda. No podía hacer otra cosa que ver a sus soldados, que ya habían derrotado a las fuerzas de Wellington, saltar en pedazos.

¡Clavos! Solo por unos pocos clavos, y los cañones británicos habrían quedado fuera de acción. A no ser por esos pequeños elementos en un impresionante choque de hombres y acero, los libros de historia habrían hablado de una victoria francesa... y de un Waterloo de Wellington.

Hoy en día, la lección que podemos aprender de la metida de pata de Napoleón es impresionante en su combinación de sencillez y seriedad. Sabiendo la forma en que aquellos 72.000 hombres que formaban las tropas francesas estaban equipados y aprovisionados, es casi inconcebible que un pequeño detalle fuera tan decisivo. Pero lo fue. Los hombres de Napoleón eran los mejores en el mundo. En el campo de batalla aquel día, tenían armas y caballos. Tenían espadas y lanzas y cañones. Pero no tenían clavos.

Gran Bretaña y Francia. Napoleón y Wellington. La Batalla de Waterloo será recordada para siempre. Fue un choque de naciones.

Y todo eso lo decidieron unos cuantos clavos.

✑ Tres ✑

Una cosa pequeña...
como sentirse ofendido

*Usted siempre es quien decide cómo actuar,
sin que importe cómo se sienta.*

NO HACE MUCHO TIEMPO, EL DISTRITO ESCOLAR
Canyons del condado de Salt Lake, en el Estado de Utah en los Estados
Unidos, abrió una nueva escuela secundaria en el pueblo de Draper:
La Corner Canyon. Usando papeletas enviadas por correo, el consejo
de educación dio a los futuros estudiantes la oportunidad de votar
para elegir la mascota de su nueva escuela. Por un margen abrumador,
los estudiantes eligieron al puma [*cougar*, en inglés] como su mascota.
Estuvieron de acuerdo con que, incluso ningún grito sonaría mejor
que «¡Somos los Pumas! ¡Los Pumas de la Corner Canyon!».

Para la mayoría, escoger al puma como su mascota no fue sorprendente. En Utah, se ha adoptado al puma como mascota desde hace
bastante tiempo. En 1924, la Universidad Brigham Young en Provo —
la cuarta mayor empleadora en el estado— seleccionó al puma como
su mascota y desde entonces, los Pumas de BYU han sido una fuente
de orgullo. Su influencia académica y filosófica se extiende por todo el
mundo, y sus programas de deportes se encuentran entre la élite, después de haber ganado diez campeonatos nacionales en cinco deportes
diferentes, incluyendo un campeonato nacional de fútbol, en 1984.

Otra razón para haber elegido al puma como mascota fue, aparentemente, porque en las montañas de Utah viven pumas salvajes.

Incluso, hay un terreno deshabitado de sobre cuatro mil hectáreas, protegido por la Oficina de Administración de Tierras cuyo nombre oficial es «Cougar Canyon Wilderness» (Cañón del Puma).

En conjunto, todos los hechos parecían presentar un argumento impresionante para elegir al puma como mascota de la nueva escuela. Sin embargo, nada de eso le importó a la Junta de Educación de Canyons. Después de recibir varias llamadas de personas, presumiblemente, horrorizadas, el superintendente anunció la negativa de la junta para nombrar al puma como mascota.

¿Por qué?

«Porque la palabra tiene una connotación peyorativa» explicó, «*y podría ser ofensiva para las mujeres adultas*».

¿En serio? ¡Guao!

Cada vez más a menudo en estos días, la cola está meneando al perro. A una persona que afirma haber sido seriamente ofendida se le ofrece de inmediato una tribuna en los medios que simplemente no está disponible para cientos de otras que aparentemente son demasiado normales como para ofrecernos algo más que sentido común.

Incluso un consenso de líderes que ha demostrado tener sentido común y valores ya no puede tomar decisiones sin recibir amenazas y exigencias de quienes afirman sentirse ofendidos o llegar a sentirse ofendidos en un tiempo futuro. Escuchamos las altisonantes demandas de aquellos que gritan, «¡Lo que yo creo es tan válido como lo que usted o cualquier otro cree! ¡No permitiré que se me margine!».

A muchas de estas personas —a menudo simplemente porque obstruyen el tránsito o interrumpen una reunión o montan una tienda de campaña en la puerta del negocio de alguien— se las invita a compartir sus creencias en la televisión. Aún más increíble, su comportamiento a menudo conduce a la financiación de programas de gobierno. Es interesante observar cómo las misma personas a las cuales perturban las toleran sin reproche.

Tal vez lo más inquietante de todo, sin embargo—al menos para los padres responsables—, es la conciencia del despertar de una peligrosa ironía en las mentes de nuestros niños y adolescentes. Cuando nuestros jóvenes observan a los adultos en la televisión ser recompensados financieramente y convertirse en famosos debido a su comportamiento, no pueden dejar de pensar que, si *ellos* actuaran de esa manera, se les castigaría.

Por desgracia, es a las voces *sabias* entre nosotros a las que se está marginando. Y con nuestro silencio, permitimos que los necios que gobiernan sus propias vidas (y, cada vez más, también las nuestras) sofoquen esas voces de acuerdo con el flujo y reflujo de sus mareas emocionales.

En la raíz de todo esto hay una creencia equivocada de que la «verdad» es un concepto maleable para definirlo de forma individual (y cambiarlo) de acuerdo con cómo nos sentimos en ese momento. No es de sorprenderse que esta marcha cultural hacia el relativismo y su dictado para una tolerancia absoluta haya creado entre nosotros una gran cantidad de personas *in*tolerantes. Como habrá notado, las personas intolerantes se ofenden fácilmente, y las personas ofendidas a menudo se vuelven de muy mal humor.

Este es un problema social que se da en muchos frentes. Primero, porque las personas ofendidas a menudo se alimentan de su propia ofensa, llegando a tener cada vez más mal humor. Entonces, como todos sabemos, esta clase de personas están entre nuestros conciudadanos menos efectivos.

Las personas enojadas no hacen grandes empleados. Tampoco hacen grandes empleadores. Los padres iracundos crían a sus hijos rabiosos. Maestros cascarrabias no inspiran ni alientan. Médicos malhumorados cometen errores. Los agentes del orden irritables exageran. Deportistas de mal genio cometen errores que afectan a ellos y a sus compañeros de equipo.

La incómoda verdad es la siguiente: los segmentos «cascarrabias» de la sociedad —sin que importe cuán grande sea su número—, siempre colapsan, aplastando bajo el peso de su ira a los inocentes junto con los culpables.

Una nota final antes de continuar: No sé de ninguna otra cosa pequeña que ejerza tanto poder *negativo* como sentirse ofendido. Probablemente sea porque afecta a tantas otras personas. Sentirse ofendido da inicio a un «efecto mariposa» como cualquier otra cosa. Pero en el caso de la mariposa responsable por las repercusiones de la ofensa, ¡esas alas malas deben de tener el tamaño de un Boeing 747!

Ante la eventualidad de que tuviera que hacer que un ser querido se dé cuenta del daño causado por una cosa tan pequeña como sentirse ofendido, lo siguiente es una disección en tres partes. Si lo desea, tiene mi permiso para leerlo en voz alta a su familia, aunque yo lo haría sin esperar el permiso. Este proceso es algo difícil de detener cuando la cabeza está caliente. Pero con un poco de comprensión y compromiso con la otra persona sea en casa o en el trabajo, se puede conseguir un buen resultado. Si puede, debería hacerlo. ⟩

Uno

En el esquema de la vida misma, no hay cosas más pequeñas que una ofensa.

Nosotros podemos *decidir* sentirnos ofendidos como podemos decidir *no* sentirnos ofendidos. Es tan sencillo como eso. No estoy diciendo que sea fácil; estoy diciendo que es sencillo. Siempre es una opción que está por completo bajo nuestro control.

Podemos *decidir* sentirnos molestos, guardar rencor, desperdiciar tiempo, malgastar energía, rechazar oportunidades, estancarnos profesionalmente, y arruinar relaciones de por vida a causa de la decisión que hemos tomado. O podemos *decidir* crecer, reír, encogernos de hombros, olvidarlo y seguir adelante.

Podemos *decidir* no dejar que las decisiones y acciones de otra persona determinen las nuestras.

Dos

Cuando una persona dice: «Lo que yo creo es tan válido como cualquier cosa que tú u otra persona cree» está reconociendo que esa declaración no solo es infantil y falsa sino también fácilmente refutable. Las personas maduras entienden que, si bien tienen derecho a sus propias opiniones, *no* tienen derecho a sus propios hechos.

Mientras es cierto que usted es libre de creer lo que desee, no podría esperar que el resto de nosotros esté obligado a reconocer, respetar o avalar la necedad solo porque *usted* lo crea. Usted puede creer que los árboles tienen sentimientos. Si quiere, puede creer que bailan o se hablan entre ellos. Y aunque sea sincero en su creencia; la verdad es que estará sinceramente equivocado.

Dicho esto, debe entender que si *quiere* creer que los árboles hablan entre sí, está bien. A la mayoría de nosotros eso no nos importa. Sin embargo, si usted afirma que, debido a *su* creencia, *yo* no puedo cortar un árbol de mi propio patio, entonces tenemos un problema.

Además, si logra convencer a un 10% de la población mundial que los árboles hablan entre sí, y debido a que su grupo lo cree el resto de nosotros no podamos hacer uso de nuestra propiedad como lo deseamos, o todo el mundo esté obligado a pagar un impuesto adicional sobre los muebles de madera, o a las empresas madereras se les prohíba extraer madera sin su permiso... Estoy seguro que podrá ver hasta donde esta clase de pensamiento puede conducir a una nación.

Por otra parte, solo para cubrir la más mínima posibilidad de que usted no entienda por qué esto es tan importante, permítame agarrar un mazo y empezar a dar golpes durante todo el camino hasta llegar a casa.

A la mayoría de los ciudadanos ni siquiera se les ocurriría amenazar a otra persona, bloquear el tráfico o interrumpir una reunión solo para salirse con la suya. La mayoría son personas razonables. Una característica distintiva de la gente razonable es que tienden a asumir que casi todo el mundo es también razonable. Incluso los que hablan con árboles...

En consecuencia, debido a que la mayoría de la gente es razonable y porque asumen que las reacciones y comportamientos de todos los demás serán también razonables, la mayoría de la gente es muy tolerante. Con paciencia, proyectan sus propias expectativas de comportamiento racional y reacciones moderadas a los que hablan con árboles y a las personas equivocadas o engañadas. Y así, la mayoría razonable —por comportarse amablemente y tolerar chifladuras— inconscientemente va creando una aceptación cultural de una muy peligrosa ficción: que las creencias emocionales de árboles que hablan son iguales en valor a la sociedad y al futuro del país como verdades fundamentales de la mayoría razonable.

Este es un descuido con consecuencias devastadoras, porque *no hay valores comparativos en las dos creencias*. En este caso, una tolerancia complaciente por parte de personas de otra manera razonables resultó en una *decisión colectiva de no hacer nada* que no tenía base alguna en la realidad. Ninguna. Trágicamente, así es como una mayoría, de otra manera racional y productiva, inadvertidamente cede su liderazgo a un pequeño grupo que en silencio cree que está formado por idiotas, y en consecuencia, deja que esos idiotas *nos lleven a todos al hoyo*.

Como colofón a este análisis, no pase por alto el hecho de que la mayoría racional y productiva son los que en última instancia cargan con la culpa de todos los daños. ¿Por qué? Porque de hecho la mayoría permitió a un grupo increíblemente intolerante de personas intimidarlos y llevarlos a decisiones tolerantes y a comportamientos que ya sabían que estaban equivocados.

Tres

Sentirse ofendido produce un sentimiento. *Solo* un sentimiento, un momento de confusión emocional. A lo largo de su vida, nada demostrará ser menos importante que sentirse ofendido. Nunca olvide que ha sido creado con una voluntad que es más fuerte que sus emociones. Eso le permite decidir la forma de actuar por sobre cómo se sienta.

Si nos fijamos, aunque sea muy levemente, nos vamos a dar cuenta de que estamos viviendo en un mundo cada vez más obsesionado con cómo se sienten las personas. Hay corporaciones que, debido a la forma de pensar de solo diecisiete empleados, cambian sus políticas afectando a cincuenta mil empleados. En un país que fue fundado en parte sobre la creencia en la libertad de adorar como la persona lo prefiera, esa libertad ha sido restringida para proteger los sentimientos de aquellos que podrían sentirse ofendidos al ver a alguien adorar como lo desee. El lenguaje es cuidadosamente vigilado —una broma puede dejarlo sin trabajo— y está siendo cada vez más posible ser arrestado y no saber exactamente lo que se hizo mal. O no aceptar que haya hecho algo malo.

Cuando se piensa en la atención-a-sentimientos como un todo, ¿quiere saber cuál es la peor parte de todo? ¿Quiere saber cuál es el gran secreto por qué nadie se atreve a dar un paso al frente y decirlo en voz alta?

Porque es una mentira.

Sí. Todo nuestro enfoque social sobre «sentimientos» como el factor más importante de la vida es una peligrosa mentira. Es una mentira que ya ha dañado severamente las perspectivas de una generación y amenaza con destruir la médula de nuestra nación estadounidense.

Como puede ver, aparte de nuestra familia o amigos más cercanos, y a pesar de leyes y regulaciones diseñadas para proteger nuestros sentimientos, a nadie realmente le importa cómo nos sentimos. Los demás pueden jurar que les importa. Incluso pueden haberse convencido de que sí les importa. Pero no. La pura verdad es esta: solo les importa lo que hacemos y cómo lo hacemos.

Así es como el mundo siempre ha funcionado y seguirá haciéndolo. No se desanime. Si alguna vez usted creyó lo contrario, está a punto de comprender la verdad de una manera que nunca se imaginó que podría hacerlo. Está a punto de verse capacitado para crear la vida que desea tener en una forma que no será posible para aquellos que no lo entienden.

No se trata de algo complicado; es algo que, simplemente, ocurre. Piense en nuestro sistema humano de relaciones o en la economía de nuestros países. Ninguno de los dos funciona —positiva o negativamente— según cada cual siente. Lo cierto es todo lo contrario. Tanto la economía como las relaciones se mueven solo por la forma en que actuamos y lo que hacemos.

Una vez más, esto no debería sorprender a nadie. Su vida siempre se ha desarrollado de esta manera. Desde que era un niño, ninguna cosa significativamente buena ocurrió en su vida a causa de cómo se sentía. Todos los incrementos que pudo haber disfrutado eran dividendos ganados por la forma en que usted decidió actuar.

Piénselo. Cada niño o niña que le agradaba, cada maestro que le dio el beneficio de la duda, cada entrenador que le dijo: «Felicitaciones. Ya eres parte del equipo». Nada de esto tuvo algo que ver con cómo se sintió.

Cuando llegó a la adolescencia, ¿alguna vez comenzó jugando porque sus compañeros de equipo pensaron que eso lo haría sentirse mejor? ¿Aflojaron sus padres la disciplina en el hogar porque usted se haya sentido mal cuando lo disciplinaban? En el colegio ¿le pusieron sus profesores buenas notas porque si le ponían malas notas usted se pondría triste?

Y usted creció. ¿Ha cambiado algo? No. ¿Ha tenido usted actualmente, un jefe que, interrumpiendo una entrevista de trabajo, lo haya hecho para decirle: «Si le doy el empleo ¿cómo se va a sentir?». Por supuesto que no. Su aceptación, sus oportunidades y sus finanzas son todo parte de una escala móvil que produce mejoras o desmejoras según el trabajo que realiza y cómo lo ejecuta.

La conclusión es la siguiente: El control en cuanto a sentirse o no ofendido está totalmente en sus manos. Usted puede optar por ofenderse o puede optar por actuar al respecto. Puede sentirse ofendido o puede sentirse jovial. Puede examinar sus sentimientos o puede examinar los resultados de cómo ha tratado a las personas, en quién se te ha convertido y qué se ha logrado en este proceso.

Darse por ofendido es una cosa muy pequeña. Pero cuando se acumula y se alimenta, puede llegar a ser algo muy parecido a una bomba atómica real. El daño que causa —inmediatamente o a mediano y largo plazo— es mucho, mucho mayor de lo que usted creía al apreciar su tamaño inicial.

Una cosa pequeña... *como una pregunta de dos palabras*

> *La distancia que existe entre el cómo y el por qué es tan vasta como el abismo que hay entre el cielo y la tierra.*

CUANDO ÉRAMOS NIÑOS, ESTA FUE UNA DE LAS PRIMERAS preguntas que aprendimos a hacer. Cuando llegamos a ser padres, fue una de las primeras preguntas que rogamos a nuestros hijos que dejaran de hacer.

De niños, nos fascinaba preguntarles a nuestros padres cualquier cosa. Ya padres, nuestros hijos casi nos vuelven locos preguntándonos todo lo que se les ocurra.

La pregunta es «¿POR QUÉ?». Son dos pequeñas palabras apenas separadas por un espacio pero que se han evitado tan a menudo a través de los años que la realidad de su poder se perdió hace generaciones. Hoy día, muy pocas personas entienden el potencial sin explotar que hay en una adecuada comprensión del POR QUÉ.

Hace años hubo un programa de televisión en el que una familia de las montañas encontró petróleo en sus tierras y se trasladó a vivir a California. La serie se llamaba *Los nuevos ricos de Beverly Hill*. La familia, de apellido Clampett, vivía en una gran mansión que tenía una mesa de billar en la sala principal. La dichosa mesa era una fuente de hilarantes conversaciones debido a que la familia nunca había visto u oído de una mesa de billar. Recuerdo cómo me reía en una escena en la que la familia usaba la mesa de billar como mesa de comedor y se pasaban las fuentes con comida unos a otros utilizando los tacos de jugar billar, a los que llamaban «los pasadores de comida».

No vi el programa de forma regular, así que no sé si Jed y los suyos encontraron por fin el verdadero propósito de aquella mesa. La usaban de esa forma porque les servía para tal propósito y si nunca supieron más de lo que sabían, estoy seguro que se sentían felices así. Pero usted y yo sabemos que pudieron haberle sacado mucho más provecho si hubiesen sabido usarla para lo que fue creada.

Lo mismo puede decirse de esas dos palabras pequeñas: *Por qué*.

Hay dos ángulos para conocer el secreto sobre estas dos palabras. Al entenderlos, usted será capaz de energizar su vida profesional y personal en una manera que no solo le beneficiará financieramente sino que también le dará la oportunidad de ser enormemente valioso a quien quiera que desee ayudar.

EL PRIMERO

El primer ángulo que disecciona el secreto de por qué, es CUÁNDO.

Hace varios años me di cuenta de que la gente se esforzaba, averiguaba y probaba diferentes opciones hasta que lo que fuera que estaban intentando terminara por resultarles. Cuando lo conseguían, echaban mano a todo lo que habían aprendido para mantenerlo funcionando. La dura lucha había terminado. Las preguntas de fondo, las opciones, los diferentes escenarios ya no eran parte de la empresa ahora exitosa. El tren cargado de dinero estaba seguro en la estación. La búsqueda había terminado.

Todo tenía un cierto sentido lógico, pero lo que me molestaba era que a partir de ese momento en adelante se producía una notoria disminución en ámbitos de intensidad y entusiasmo. Ya no había ninguna expectativa o esperanza de un gran avance en lo metodológico o filosófico que pudiera avivar la llama de nuevo y doblar la tasa de crecimiento de la empresa dentro de un año.

Cuando encontré la respuesta, estaba asombrado de lo obvio era. Y me di cuenta de que todo era una cuestión de CUÁNDO. Esto es lo que quiero decir:

Pregunta: ¿CUÁNDO preguntamos por qué?

Respuesta: Preguntamos por qué cuando no conocemos la respuesta.

Ejemplos:
¿Por qué no está funcionando esto?
¿Por qué no estamos siendo buenos competidores en esta área?
¿Por qué no alcanzó nuestro crecimiento las expectativas este trimestre?

Pregunta: ¿CUÁNDO dejamos de preguntar por qué?

Respuesta: Dejamos de preguntar por qué cuando hemos conseguido la respuesta.

Ejemplos:
Todo está bajo control.
Hemos empezado a promover productos diferentes en esa área, y esto parece haber solucionado el problema.
En julio no hicimos el encuentro para conocer la opinión de nuestros clientes como usualmente lo hacemos.

¿Está preparado? Ahora viene la más importante:

Pregunta: ¿En qué punto EXCEPCIONALMENTE preguntamos por qué?

Respuesta: EXCEPCIONALMENTE preguntamos por qué cuando todo está yendo de maravilla.

Déjeme explicar: Cuando todo va marchando bien, nuestra tendencia es mantener este éxito hasta su colapso. Y cuando el colapso ocurre, preguntamos por qué, damos con la respuesta, hacemos los ajustes necesarios y nos acomodamos de nuevo.

¿Por qué eso es un problema? Porque eso demuestra que la mayoría de nosotros estamos pasando por alto la mejor oportunidad de aprender algo que potencialmente nos capacitará para crecer exponencialmente.

¿Y cómo podemos beneficiarnos de esa oportunidad? ¡Preguntando *por qué* cuando todo va de maravilla! Veamos un ejemplo:

Declaración: Estamos teniendo excelentes resultados en el área noreste del país. Este es el tercer trimestre seguido que hemos alcanzado un crecimiento de dos dígitos.

Pregunta: ¿POR QUÉ estamos teniendo este crecimiento ahora? ¿POR QUÉ solo en el noreste? ¿Se revisaron los gráficos? ¿POR QUÉ nuestros clientes están haciendo sus compras durante la hora del almuerzo? ¿Y POR QUÉ están comprando grandes cantidades?

Si solo preguntamos *por qué* cuando las cosas van mal, las respuestas que obtengamos nos llevarán de vuelta solo a la superficie. Pero cuando algo está funcionando realmente bien, no es suficiente saber cómo está funcionando. Necesitamos entender POR QUÉ está funcionando como lo están haciendo. Las respuestas que usted reciba a la pregunta «¿POR QUÉ?» le proporcionarán un crecimiento parecido a lo que ocurre cuando se allega un fósforo a gasolina derramada.

El segundo

El segundo ángulo del secreto es una consecuencia del primero. En otras palabras, es lo mismo, ¡solo que diferente!

Hay gente en este mundo —y la conocemos muy bien— totalmente despistada. Viven confundidos y confundiendo, y lo que sea que se les ofrezca, se las arreglan para arruinarlo. También son las únicas personas en el gráfico que están normalmente aletargadas. ¿Las conoce? Están en el fondo. ¡Durmiendo! Los vamos a representar con la letra z minúscula.

z ——————————————————————————————

Hay otro grupo de personas con quienes también estamos familiarizados. Y nos agradan. Se trata de los *Hs*. Estables y confiables. Siempre llegan a tiempo y no importa de lo que se trate, los *Hs* pueden *hacerlo*. Los vamos a poner en la parte superior del gráfico porque, financieramente, y en cada otra instancia que cuenta, se encuentran mucho más alto en la cadena alimenticia que los *zs*. Los *Hs* ofrecen buenos ingresos a sus familias y tienen todo nuestro respeto. ¡Así es que escuchemos a los *Hs*!

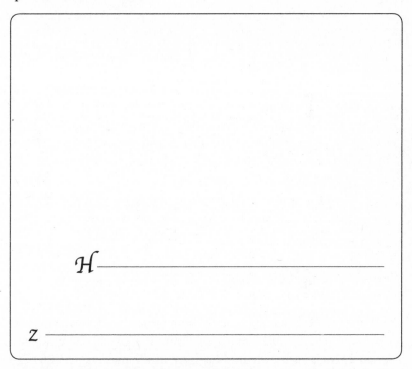

Ahora revise el gráfico. Estamos yendo hacia arriba y a la derecha. ¿Ve los *Ms*? Los *Ms* (Maestros) están por encima de los *Hs*. Son mejores. Tienen un alto nivel de ingreso y tienen un poco más de influencia en la comunidad. Trátese de lo que se trate, los *Ms* lo pueden *hacer*. ¡Y pueden *enseñar* cómo hacerlo!

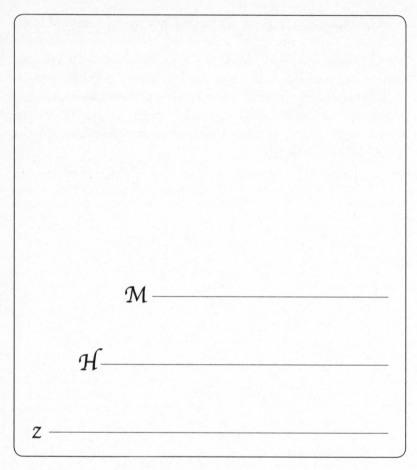

¡Ponga atención a lo siguiente! Ahora vienen los *Ss*. Los *Ss* (Súper) ganan aún más. También son más influyentes en sus comunidades. ¿Por qué? ¿No le parece obvio? Muy bien. Los *Ss* pueden HACERLO y pueden ENSEÑARLO. Y los *Ss* pueden LIDERAR. Los *Ss* prosperan en cuanto a responsabilidad y se sienten orgullosos de los *Hs* y los *Ms* con quienes trabajan. Note que hay una distancia mayor entre los *Ss* y los *Ms* que entre los *Ms* y los *Hs*. Probablemente esto se deba a la responsabilidad que asumen los *Ss*.

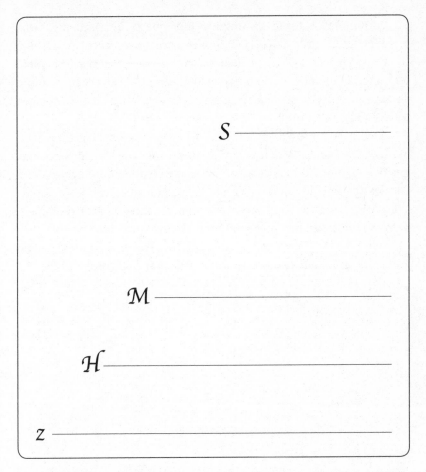

Desde los *Ss* en su gráfico, muévase de nuevo hacia la derecha y arriba, pero va a tener que mirar aun más arriba para encontrarse con nuestro *R* clásico. Financieramente y en términos de influencia, hay un salto bastante grande desde un *S* a un *R*. El típico *R* es la clase de persona que usted y yo calificaríamos de «rica». Porque es cierto. Ellos tienen dinero y se lo merecen porque han trabajado duro y han creado empleos para mucha gente.

Los *Rs* están entre las personas más atractivas con las que usted podría relacionarse. Tienen una tremenda influencia y la usan constantemente (y su dinero) para ayudar a otras personas y para mejorar sus comunidades. No tenga ninguna duda que los *R*s pueden *hacerlo*. Es la forma en que la mayoría de ellos comienzan sus negocios. Debido a su experiencia, los *R*s pueden *enseñar* cómo hacerlo y a menudo lo hacen. Por supuesto, también pueden *dirigirlo*. Pero veamos ahora la explicación por su ubicación en nuestro gráfico. ¡Los *R*s saben CÓMO funciona todo!

Debido a que los *R*s desarrollan sus negocios sobre ciertos principios, ellos saben CÓMO funcionan estos principios. Por consiguiente, pueden plantar sus negocios una y otra vez en diferentes lugares. Diez locales de venta de automóviles, quince restaurantes, veinte tiendas de conveniencia. Los *R*s pueden estar en muchos lugares diferentes. Cada vez que dan con otro S, repiten el procedimiento con una gran cantidad de Hs y un buen número de *M*s, con los Ss dirigiéndolo todo. ¡Sí, señor, los Rs saben CÓMO funcionan las cosas!

Hay un grupo más que la mayoría de la gente desconoce. Son los *F*s. Usted no los verá en nuestro gráfico, ya que están «fuera» de la página. Tal vez, si mantiene el gráfico directamente en frente de usted y mira hacia arriba, es posible que a los *F*s los vea en el techo aunque lo más probable es que los vea en sobre el techo.

Suena gracioso, lo sé, pero no es broma. Estas personas están tan fuera del gráfico y la mayor parte de sus amigos en realidad no tienen idea de lo que están haciendo. Yo he descubierto que *lo que hacen* son, por lo general, varias cosas, y rara vez estas iniciativas tienen algo que ver las unas con las otras.

Mientras escribo esto, sé de alguien en quien pienso continuamente y cuya historia conozco muy bien. Como la mayoría de los *F*s, tenía una experiencia práctica. Se abrió camino desde abajo, primero *ejecutando*, y luego, *enseñando*. Después de un tiempo en este nivel, empezó a *liderar*. No pasó mucho tiempo antes de que fuera un experimentado *S*, y comenzó a enseñar a otros *S*s con menos experiencia.

En algún momento durante este tiempo, el futuro *F* se convirtió en un asiduo estudioso. Siguió trabajando duro, pero cada momento libre lo utilizó para estudiar principios y llevar hasta el límite lo que entendía. Para su familia y amigos, parecía haberse obsesionado.

En cierto modo, a menudo reconocía que estaba obsesionado. Pero no con el dinero, los automóviles o incluso su negocio. Lo consumía la pasión por comprender los principios de la vida y la forma de aplicarlos. A menudo pensaba en sus amigos, los *H*s y los *M*s. También había comenzado a enseñar a varios *S*s.

Mirando atrás, no estaba seguro de poder determinar el momento cuando pasó de ser un *S* a un *R*, porque en realidad nunca se detuvo a pensar en eso. Por supuesto, celebraba sus éxitos. Y fue capaz de reducir su tiempo en la oficina, lo que mucha gente llamaba su trabajo. Pero incluso cuando estaba en casa, continuaba estudiando cada ángulo y cada aspecto de los principios que ya parecía conocer muy bien.

Para entonces, ya era un sólido *R*, y su esposa e hijos adolescentes se le unían con entusiasmo en la búsqueda de una comprensión más profunda de esos principios. Sus animadas conversaciones, donde abundaba el buen humor, las preguntas y los desacuerdos de buena fe, a menudo duraban horas.

Un día, el hombre tuvo una idea para otro negocio. No lo hizo porque necesitara más dinero y le faltara algo que hacer, pero vio el potencial de crear más de un millar de puestos de trabajo en menos de dos años. Con la bendición y la participación de su familia, puso en marcha el negocio que pronto comenzó a crecer, transformándose casi inmediatamente en un éxito. El hombre sabía —*sabía* que, a pesar de que nunca dijo a nadie las razones excepto a su esposa— no le sería necesario comenzar desde abajo con *esta* compañía. Finalmente había comenzado a desentrañar un secreto que había estado a punto de cambiarlo todo.

Como ya dijimos, el hombre no se dio cuenta cuando pasó de *S* a *R*, sino después de que hubieron pasado varios años supo que su vida se desenvolvía en un nivel diferente.

Por esta narración de su historia, yo lo llamo un *F*, aunque él nunca tuvo un nombre para lo que había llegado a ser. La mayoría de sus amigos no tienen idea de la magnitud de sus activos.

Yo le puedo decir que tiene más de una treintena de empresas, en su mayoría muy exitosas, y ninguna es un duplicado. Es dueño de una fábrica de muebles en el sur de los Estados Unidos y de una plantación de cocos en una isla en el Pacífico. Compró en la India una compañía de software fracasada y la levantó en menos de un año. En América del Sur posee una fábrica de ropa para niños y en el medio oeste de los Estados Unidos una granja para la cría de cabras. (¿Sabía usted que la carne de cabra es rica en proteínas y una de las más rápidas en estar lista para su comercialización en los supermercados?). Él hace eso y mucho más en cada una de sus empresas. Pero no creo que esté muy al tanto de cuántas de ellas le producen más de unos cientos de millones de dólares al año. Una vez oí que alguien se lo preguntó. Ocho, pensó. O nueve. O tal vez siete.

—Lo siento —dijo—. Realmente nunca había pensado en eso.

Naturalmente, los medios lo buscan para entrevistarlo. Por años, todos los programas de televisión de entrevistas lo han llamado, pero él no se siente atraído por ninguno. Por extraño que parezca, todos quieren conocer su secreto, y como a él no le gusta que lo entrevisten se siente libre de responder a quienquiera que le pregunte.

—No hay ningún secreto —dice con una sonrisa amable—. «En cierto modo, es todo cosa de sentido común.\Por supuesto, los principios son las más valiosas formas de sentido común. Y son baratos —ríe, añadiendo—. Nunca he tenido que pagar por uno solo, y usted tampoco.

Un día le oí revelar su secreto. Era todo lo que cualquiera necesitaba saber o entender para convertirse en un F.

La pregunta que alguien le hizo era sencilla, pero lo inquietó, y fue entonces cuando me di cuenta de que estaba ansioso por hablar. Él es un caballero, sin embargo, y es humilde, por lo que da la respuesta solo a las personas que le preguntan.

La dama dijo:

—Me gustaría oírle hablar de principios; yo sé que usted entiende CÓMO funcionan, pero hay más que eso ¿no es así?

Él sonrió.

—Por supuesto que hay más —le respondió—. Y no me importa decirle exactamente qué es ese "más".

Cuando dijo eso, los que estábamos de pie cerca de él contuvimos la respiración. Nadie quería perderse lo que estaba a punto de revelar.

—Esto tomará solo un minuto —comenzó, aclarándose la garganta. Encogiéndose, casi como si estuviera avergonzado de que su respuesta no fuera más complicada, dijo:

—Las preguntas son buenas, y me alegro por su pregunta. Todo lo que he hecho, en realidad, ha sido insistir en una pregunta específica que tiene que ver directamente conmigo. Aplico esa pregunta a todo. La pregunta es: "¿POR QUÉ?". Solo eso. Pero las respuestas a esa pregunta que he encontrado en los últimos años han marcado la diferencia en mi vida y en mis negocios. O déjeme decírselo de esta manera: mucha gente sabe CÓMO aprovechar los principios para obtener ciertos resultados. ¿Yo? He aprendido POR QUÉ los principios funcionan como lo hacen.

Nos miró y se encogió de hombros.

—Eso es todo —dijo—. Usted puede saber CÓMO aplicar un principio, y eso es algo importantísimo. Pero cuando usted sabe POR QUÉ ese cierto principio funciona como lo hace, puede aplicarlo en áreas contrastantes de la vida que parecieran no tener ninguna relación entre sí. Y esos negocios, esas comunidades, esas familias crecen y prosperan como nunca antes.

✎ Cinco ✑

Una cosa pequeña... *como la dieciseisava parte de una pulgada*

El casi puede ser un concepto peligroso.
Permite la exclusión, las pérdidas financieras
e incluso la muerte. No se deje engañar.
Casi seguro... no es seguro.
Casi derecho... no es derecho.

DE CUALQUIER MANERA, YO ESTABA EMPEZANDO A sospechar que estaríamos muertos pronto. Esta aventura podría terminar en tragedia por nuestra propia culpa. Y si no terminaba con nosotros muertos, el señor Perkins, el padre de Kevin, después de oír lo estúpidamente que nos habíamos comportado, nos habría matado con sus propias manos.

¿Cuántas veces nos lo había dicho? No quería ni pensar en eso. Yo sabía que era absurdo alejarnos de la costa sin otro barco que pudiera socorrernos en caso necesario. Pero allí estábamos. En un barco. Un barco pequeño. Un barco pequeño con un tanque de combustible pequeño. En el lado positivo de la balanza, al menos un barco pequeño no requiere un capitán con licencia. Por ese detalle nos habíamos ahorrado un montón de dinero.

Yo tenía veinte años de edad. Con mi mano derecha me había agarrado de una soga de acero que estaba soldada a la parte posterior del asiento del piloto. Con mi brazo izquierdo, extendido perpendicularmente a mi cuerpo, trataba de mantener el equilibrio. Por la fuerza del viento mi brazo se agitaba tan violentamente como si estuviera montando un toro. A menos de dos metros de distancia, Kevin me hacía señas ondeando su brazo derecho.

Pronto oscurecería. A Kevin, que se encontraba detrás de Jim, le lancé una mirada de real preocupación. Él y yo habíamos sido excelentes amigos desde antes de que pudiéramos recordar y habíamos desarrollado una sintonía tan estrecha que a menudo las palabras eran un impedimento innecesario para la comunicación entre nosotros. En cuanto a Jim, lo acababa de conocer. Tendría nuestra edad y parecía un buen tipo.

A decir verdad, Jim podría haber acabado de salir del corredor de la muerte en la prisión del estado, y ni a Kevin ni a mí nos habría importado. O pudo haber sido un espía extranjero o un terrorista, y nosotros le habríamos dado la bienvenida en el vínculo de la amistad eterna o hermandad de sangre con todos los derechos y privilegios otorgados... porque su papá era el dueño del barco.

Hasta el día de hoy nuestro mundo raramente ha sido testigo de dos jóvenes más amantes de la pesca que Kevin Perkins y Andy Andrews. No es exagerado decir que estábamos verdaderamente obsesionados. No había problema que no estuviéramos dispuestos a enfrentar, ni castigo o sanción que pudiéramos temer, ni riesgo suficientemente peligroso que nos disuadiera de salir a pescar si se presentaba la oportunidad. Y esta vez habíamos oído que el atún se encontraba a apenas un par de decenas de kilómetros de nuestra línea costera. Así es que allá fuimos.

Desde que dejamos Orange Beach, el viento había aumentado a por lo menos doce nudos. El oleaje se movía en forma consistente entre un metro y un metro y medio, aunque Kevin comentó más tarde que no había visto olas de más de un metro. Agregado a la tensión que el cambio en las condiciones del tiempo nos producía, estaba el hecho de que, después de cuatro horas de luchar contra las olas, ninguno de nosotros había logrado ver la plataforma petrolera que marcaba el área donde estábamos decididos a pescar. Vi a Jim nervioso, moviendo la cabeza mientras examinaba las aguas grises. Él tampoco la había visto.

«¿Todavía no vemos la plataforma?», gritó Kevin, tratando de hacer oír su voz sobre el rugido de los dos motores instalados en la popa del barco. Miré mi reloj y asentí. Jim abrió las válvulas reguladoras y se volvió un poco. No dijo nada. No tenía nada que decir. Vi el miedo en sus ojos y supe que teníamos problemas.

Por décima vez, nuestro nuevo amigo se inclinó para leer los instrumentos. Estaba revisando el piloto automático. Una vez que nos hubimos alejado de las rocas en Paso Perdido marcamos el sitio donde se encontraba la plataforma. Habíamos estado allí antes por lo que ninguno de nosotros pensó que nos resultaría difícil hallarla. ¡Rayos! Era imposible no dar con ella.

La plataforma era tan grande que había sido necesario que más de una empresa petrolera la financiara. Erigida como una empresa conjunta, antes de que se terminara de instalar la habían programado para bombear cientos de millones de barriles. Situada en varios miles de metros de profundidad, se alzaba cientos de metros sobre el nivel del mar. En cada una de las esquinas se habían instalado sirenas de niebla del tamaño de un vagón de ferrocarril y la potencia con que amplificaban el sonido era suficiente como para causar daños auditivos. Como toque final, al monstruo lo habían equipado con miles de focos que alumbraban como la hoguera del Juicio Final.

¿Le dije que uno no se podía perder? Bueno, al parecer nosotros sí nos perdimos.

A medida que el cielo y el agua adoptaban un tinte negruzco, el agujero en mi estómago se hacía más grande. La plataforma no se veía por ninguna parte. En caso que usted alguna vez haya pasado por algo parecido, seguramente estará de acuerdo conmigo en que las bravatas de los jóvenes «todopoderosos» desaparecen como por encanto cuando se dan cuenta de que están en serios problemas. Y en ese momento nosotros constituíamos una tripulación totalmente callada. Sin saber hacer otra cosa que dar vueltas y vueltas, hicimos eso.

Estábamos asustados y confundidos. A pesar de que lo más fácil era pensar que la plataforma se había hundido o la habían quitado, sabíamos la verdad. Algunos amigos nuestros habían estado pescando allí recién a principios de semana. Y nos habían dicho: «Vayan al lado oeste y usen señuelos de diamante de diez onzas; allí, los atunes de aleta amarilla se tragan hasta la pintura del barco».

Pronto nos dimos cuenta de que la única explicación para no dar con la plataforma era que nos habíamos desviado de curso.

Kevin se quedó mirando su reloj. Yo no dije nada. Sabía lo que estaba haciendo. Estaba calculando cuánto nos habíamos desviado y a qué velocidad. El barco tenía suficiente combustible como para llegar a nuestro destino y regresar a Orange Beach. *Solo* suficiente. No habíamos planeado buscar o probar diferentes lugares. El plan era, una vez junto a la plataforma, amarrar el barco a una de sus boyas, apagar los motores y ya. Ponernos a pescar.

Así que no dar con la plataforma fue alarmante. En primer lugar, por supuesto, porque ya no podríamos pescar. (Les dije que somos pescadores compulsivos). Luego estaba la posibilidad de que de alguna manera nos hubiéramos pasado y estuviéramos más lejos de lo que habíamos previsto. Si tal fuese el caso, no nos alcanzaría el combustible para regresar a casa.

Jim pensó que tal vez la plataforma hubiese estado cubierta por la niebla u oculta por nubes bajas. Pero cuando la oscuridad se cerró completamente, supimos que no estaba cerca de nosotros. Si hubiéramos estado dentro de los ocho kilómetros de la plataforma en cualquier dirección, hubiéramos visto las luces.

Sin otra opción que regresar, pusimos proa a tierra y comenzamos a regresar, lentamente, para ahorrar combustible. La fuerza del viento había aumentado. Con cada minuto que pasaba, sentíamos cómo el mar ponía a prueba el trabajo de algún fabricante de barcos de fibra de vidrio que probablemente a esas horas estaría durmiendo plácidamente en Miami o donde sea que hayan fabricado nuestro barco.

En algún momento durante la hora siguiente, nos pareció ver a unos treinta metros, las luces de la plataforma que aparecían y desaparecían como luciérnagas encerradas en un frasco de color marrón oscuro.

La plataforma estaba lejos y al este de nosotros —donde *no* debería de haber estado— pero nuestros cerebros entumecidos apenas registraban nuestras propias preguntas acerca de cómo pudimos habernos perdido de esa manera. Apretamos los dientes, nos concentramos en orar, lo que no habíamos hecho con mucha frecuencia, y contuvimos la respiración mientras los motores rugían en medio de la noche en lo que rápidamente se estaba convirtiendo en solo humo.

Cuando, finalmente, el combustible se agotó y los motores se silenciaron, Jim amarró una cuerda a una abrazadera, atando la otra punta a un cubo vacío y lo arrojó por la borda.

Inmediatamente la proa giró en torno al ancla improvisada, poniendo la pequeña embarcación en dirección al oleaje. Nos sentimos relativamente seguros en medio del mar.

No hablábamos, pero estábamos aterrorizados, acurrucados juntos como si uno de nosotros tuviera la clave para salir de la situación. Estábamos entumidos, mojados y magullados, y aún llevabamos los monstruosos chalecos salvavidas anaranjados que en algún momento durante la caótica noche nos habíamos puesto y amarrado fuertemente, y que nos hacían parecer como niños en la noche de Halloween que se habían enredado en un lavado de coches. En un sentido, supongo que alguno de nosotros pensó que cuando se recuperaran los cuerpos sin vida en los próximos días, la presencia de estos coloridos flotadores unidos a nuestros cadáveres serían evidencia de que, a lo menos, habíamos muerto con un mínimo de sentido común.

Al amanecer, nuestros espíritus se iluminaron un poco al darnos cuenta de que divisábamos tierra. Nos salvaron, pero usted ya sabe lo que pudo haber ocurrido. No ocurrió porque, de otra manera, no estaría leyendo mi relato. El hecho de que no nos hayan rescatado sino hasta avanzada la tarde alarga un poco la historia, añadiendo varias horas de aburrimiento a la luz natural para redondear la experiencia de terror en la oscuridad de la noche anterior. Y, por supuesto, la vergüenza de ser remolcados no contribuyó a añadir más valor real a la historia.

La información crítica acerca de nuestra aventura quedó expuesta un par de semanas después de nuestro casi desastre, cuando una inspección electrónica del piloto automático del barco reveló que estaba descalibrado dos grados.

¡*Dos* grados!

En un piloto automático de brújula interna hay 360 grados de rumbo. Dos de esos grados representan una simple pizca de diferencia

—menos de un dieciseisavo de una pulgada— de una brújula real. Pero la distancia aumenta la diferencia.

Muchos piensan que el piloto automático es un artículo de lujo, un dispositivo que permite que el capitán se relaje y no haga nada. No es verdad. Incluso cuando el instrumento se activa, un capitán prudente mantiene la concentración, en alerta máxima ante cualquier peligro que pudiera presentarse. Curiosamente, el primer piloto automático marino se instaló en 1951 como un dispositivo para economizar combustible. Es un hecho evidente que un vehículo motorizado que va en línea recta desde el punto A al punto B requiere menos combustible que si fuera por una ruta serpenteante. Y en el mar, con sus corrientes, sus vientos y sus olas, no hay persona que pueda mirar hacia atrás y hacia adelante entre fuertes vientos y una brújula mientras dirige la embarcación en un curso zigzagueante.

Ese día, cuando dejamos el embarcadero rocoso en Paso Perdido, activamos nuestro piloto automático para que siguiera un curso sur-suroeste en un grado marcado específicamente. Y nos llevó en una línea recta tal como lo habíamos determinado que hiciera. Sin embargo, con la mala calibración cuanto más hacia el mar nos adentrábamos, más nos íbamos desviando del curso correcto. Y nosotros no teníamos idea de lo que estaba ocurriendo.

Es fácil imaginar cómo, en los siglos pasados, los marineros pensaban que nuestro planeta era plano y que al navegar en línea recta llegarían al borde y caerían al vacío. Para cualquiera que se adentre demasiado en el golfo, sin ningún punto de referencia visible, siempre parecerá que se está dirigiendo hacia las sombras azules de la nada. Y eso fue lo que nos ocurrió ese día a Kevin, a Jim y a mí.

Debido a la curvatura de la tierra, nuestro destino, a más de ciento sesenta kilómetros de distancia, estaba mucho más allá del horizonte. Por eso era que, al menos durante los primeros nueve a diez kilómetros no dejábamos de mirar hacia atrás como si quisiéramos asegurarnos que Orange Beach seguía allí.

A esa distancia, la costa es claramente visible. Aún a dieciséis kilómetros de distancia, la parte superior de los grandes edificios de condominios siguen a la vista. Pero el piloto automático defectuoso ya nos tenía fuera de curso. Y nosotros sin darnos cuenta.

Por lo menos durante los próximos 144 kilómetros no esperábamos ver nada, así que no estábamos preocupados por eso. No teníamos forma de saber que estábamos, de hecho, desviándonos más y más lejos de la plataforma cuando creíamos que nos estábamos acercando a ella. Por el tiempo transcurrido, nuestro destino debería haber estado a la vista; sin embargo, estábamos tan lejos que la plataforma permanecía oculta más allá del horizonte.

Hoy día, cuando me encuentro con personas que están desanimadas con su progreso después de haber empezado un nuevo empeño o haberse propuesto nuevas metas, tengo la sensación de que la mayoría de ellos están intentando crear una visión global de una vez. Cuando ese panorama o visión no aparece tan rápidamente como lo habían esperado, dejan que su imaginación —la parte de ellos que fue la que creó el entusiasmo— se vuelva contra ellos.

En vez de imaginarse lo grandioso que todo va a ser y pensar en nuevos métodos que puedan emplear para lograrlo, se imaginan todas las razones para que *nunca* suceda nada. De esta manera se desaniman. Irónicamente, el desánimo les afecta físicamente, y terminan no pudiendo crear la vida de sus sueños.

¿Y cuáles son las «cosas» que crean la vida de nuestros sueños? ¡Exacto! Las cosas pequeñas. Las iniciativas minúsculas al comienzo de cualquier empeño producen un crecimiento masivo más adelante. La brújula de su vida responde a los mismos principios y se obtienen los mismos resultados como la brújula en un barco. Pequeños movimientos pueden equivaler a grandes ganancias. De hecho, cuando los pequeños movimientos se repiten consistentemente a través del tiempo, un día podrá darse cuenta de que ha recorrido todo el camino desde donde estaba hasta donde siempre soñaba con estar.

Seis

Una cosa pequeña...
como abandonar

> *Sí, todo lo que usted hace importa.*
> *Pero todo lo que deja de hacer importa mucho más.*
> *Cada pequeña cosa que usted haga —o deje de hacer—*
> *conduce a la vida a un curso ligeramente diferente.*

ES DIFÍCIL DE CREER AHORA, PERO HUBO UN TIEMPO EN que no me gustaba el fútbol americano. No todo el fútbol, sin embargo. Me encantaba verlo por la televisión o seguirlo por el radio. Me gustaba jugar con los amiguitos del barrio en cualquier lugar. Pero cuando estaba en sexto grado e integraba el equipo de la escuela, me sorprendió descubrir que el fútbol «de verdad» no era tan divertido como parecía.

¡Me emociono al recordar aquellos tiempos! Cuando me ataba los cordones de las hombreras; cuando deslizaba por encima de la cabeza mi camiseta de los Heard Elementary Rams con el número 25. No cabía en mí de entusiasmo. Con el inmenso casco azul y blanco parecía flotar sobre una línea vertical que, por lo general, provocaba la risa de alguien lo suficientemente cerca para determinar que la línea era un cuello. *Mi* cuello. Sí, yo creo que fui la inspiración para que crearan aquellos muñecos de grandes cabezotas que llegaron a ser tan populares.

Después de una semana de práctica, sin embargo, yo estaba listo para abandonar. Por ese tiempo, era propenso a los dolores de cabeza, y no había nada como la combinación de una alta humedad y la temperatura de tres dígitos de agosto en el sur de Alabama para darte uno.

«No es más que un dolor de cabeza», decía mi padre. «No puedes abandonar».

Después de dos semanas de práctica estaba absolutamente seguro de que tenía que renunciar al equipo. Correr unos pocos cientos de vueltas en la pista al calor del verano, sin agua (que es la forma en que solían hacerlo) y tambaleándome, mientras que el chico de secundaria que actuaba como nuestro entrenador, pretendía ser el famoso entrenador de la Universidad de Alabama Bear Bryant, me gritaba insultos, no hacía sino aumentar la intensidad de mi dolor de cabeza. Yo no estaba fingiendo. Realmente sufría. Por eso, supongo, fui llorando a mi madre. Mi madre habló con mi padre. Y mi padre, en una forma muy amable, me dio dos cápsulas de interesante información: Una, *todavía* no podría dejar el fútbol. Y dos, llorando haría que mi dolor de cabeza empeorara.

Cuando comenzó la temporada, aun quería abandonar. Todavía hacía calor y había mucha humedad. «Bear Bryant junior» nos hacía correr más y beber menos agua. Y con Bob Woodall, el mejor jugador de la ciudad en mi equipo y disponible todos los días para arrancarme la cabeza, mis dolores de cabeza empezaron a desarrollar sus propios dolores de cabeza.

Pero mi padre era una roca. Nada lo movía. Era inmune a las lágrimas, al vómito, a la sangre, a la bondad calculada, a los desmayos, a las amenazas de irme de la casa, y varias manifestaciones de simulada enfermedad mental. A lo largo de la temporada, hasta el día del último juego, yo traté todo para persuadirlo para que me dejara ir. Pero nunca lo hizo.

Tenía dieciocho años cuando supe lo dura que había sido la vida para él. Mi madre me lo dijo. Me dijo que ese año mi padre había derramado más lágrimas que yo. Lo había hecho en privado, por supuesto. Pero, según mi mamá, él estaba decidido a que yo no me acostumbrara a abandonar como «simplemente otra opción sobre la mesa cuando las cosas se ponen difíciles».

No mucho tiempo después de la conversación con mi madre, le pregunté a mi padre acerca de lo que había sido para él ese tiempo. Recuerdo mis preguntas, y recuerdo sus respuestas. Pero estoy seguro de que habría escuchado con más cuidado si hubiese sabido que dentro de un año mi padre estaría muerto.

—Te quiero tanto que duele —me dijo ese día—. Lo hice entonces, y lo hago ahora. Puedo prometer, hijo, que quería dejarte que abandonaras más de lo que podrías haberlo querido tú.

—Entonces, ¿por qué no me *dejaste* que lo hiciera? —le pregunté.

—Por lo tanto que te amaba —hizo una pausa antes de continuar—. Abandonar el equipo de fútbol de un sexto grado es una cosa pequeña. Y si hubieses tenido que quedarte en el sexto grado para siempre, tampoco habría importado mucho. Pero no es así como funciona la vida. Yo sabía que crecerías. Algo como abandonar puede parecer tan pequeño de momento, sin embargo, te lleva en una dirección donde crea una mentalidad que se puede empezar a ver como algo normal.

Asentí mientras él añadía:

—Para algunas personas es normal abandonar; porque siempre es más fácil abandonar que seguir adelante enfrentando el reto.

—¿Qué pasaría si intento un imposible? —pregunté—. ¿Si realmente no hay manera de tener éxito en eso?

—¿Quién decide lo que es imposible? —dijo sonriendo—. Si te enfrentas a una situación y no ves la salida, entonces todo lo que tienes que hacer es detenerte hasta que encuentres la salida. ¿Comprendes? Donde no hay manera... tienes que encontrar una salida.

Fruncí el ceño, y mi padre se rió, dándome unas palmadas en el hombro.

—Solo recuerda esto —dijo—. El éxito toma muchas formas, y tiene su propio calendario. Es posible que aún pienses que ese año en el equipo de fútbol fue una pérdida de tiempo o un fracaso. Pero yo te digo que fue un éxito. Fue un éxito porque te has demostrado a ti mismo que puedes persistir a través de los momentos más difíciles.

Un día, y esto es una promesa —continuó diciendo—, vas a experimentar un éxito que ocurrirá gracias al aguante que desarrollaste en el otoño de tu sexto grado. Y tú serás el único que conocerá la verdad acerca de la ventaja que tuviste al no desarrollar el hábito de abandonar.

¿Saben qué? Mi papá tenía razón. Veintisiete años después escribí una novela que titulé *El regalo del viajero*. Y nadie la quería publicar.

Es la historia de un hombre cuya familia está experimentando momentos difíciles. Este hombre, a quien puse por nombre David Ponder, viaja al pasado a siete lugares diferentes. En esos lugares se reúne con siete figuras históricas que, en ese momento, están experimentando los peores momentos de sus vidas.

Los siete le dieron un principio por escrito, y él llegó a entender que, si hacía esos principios parte de su propia vida, su futuro cambiaría.

Yo pensaba que era un buen libro. Creía en su mensaje y pensé que podría ayudar a quienes estuvieran sufriendo y los pondría en una dirección positiva. Pero los primeros diez editores a quienes contacté no estuvieron de acuerdo conmigo. No estaban interesados en publicar mi novela. Otros editores tuvieron la misma reacción. En poco tiempo el número de rechazos llegó a una veintena.

Pasó un año, y luego dos años. Para entonces, treinta casas editoriales habían rechazado *El regalo del viajero*. Algunos fueron bastante rudos al expresar su negativa.

¿Pensé en abandonar?

Por supuesto.

¿Habría sido fácil de hacerlo?

Sí.

¿Creería la mayoría de la gente que estaba justificado en abandonar como había decidido hacerlo?

Estoy seguro.

Afortunadamente, como se vio después, el número siete de los siete principios que había incorporado en el libro me obsesionaba. De vez en cuando me sentaba a solas en mi habitación, volvía a esa página en el manuscrito, y simplemente la miraba. PERSISTIRÉ SIN EXCEPCIÓN, se lee.

Después de tres años, había recibido cuarenta y tres cartas de rechazo. Las cartas provenían de editores de niveles alto y medio de los Estados Unidos. Francamente, ya me estaba costando descubrir nuevas editoriales a las cuales contactar.

Finalmente llegué a la quincuagésima no antes de que hubiesen pasado tres años y medio. Entonces llegó la cincuenta y uno. Para ese entonces mis amigos me decían que abandonara la idea de publicar la novela.

«No seas porfiado», me decían. «Estás haciendo el ridículo». Uno me dijo: «Acepta la realidad y sigue con tu vida. No quiero ser grosero contigo, pero Andy, cincuenta y una de las editoriales más importantes, las más reconocidas en el mundo coinciden en que la novela que escribiste no merece la pena ser publicada». ¡Caramba!

Luego, el editor número cincuenta y dos dijo que sí.

El regalo del viajero está ahora a la venta en cuarenta idiomas y se han vendido varios millones de ejemplares. Más de una década después de su publicación, todavía se ofrece en tapa dura. La usan los ganadores de la Super Bowl, los militares estadounidenses, compañías del Fortune 500, y sistemas escolares alrededor del mundo. Las iglesias la utilizan, lo mismo que las cárceles, los hogares de refugio, centros de rehabilitación, estrellas de Hollywood, atletas olímpicos y varios presidentes de los Estados Unidos.

Sí, mi padre tenía mucha razón. Tenía razón cuando dijo que abandonar era una cosa pequeña y no un proceso con el cual yo me sentiría cómodo. Y tenía razón cuando me dijo que un día experimentaría éxito por haber desarrollado tal determinación en el verano y el otoño de mi sexto grado. Ese éxito tan especial resultó en un éxito de ventas del *New York Times* con un enlace directo al Heard Elementary Rams. ¡Quién lo habría imaginado!

Una cosa pequeña...
como el otro extremo

> *Y ahora, una palabra de su madre:*
> *«Si alguien decide saltar a un precipicio, ¿tú*
> *vas a saltar también? Solo porque alguien lo*
> *hizo, no significa que estuvo bien hecho».*

¿POR QUÉ ES QUE HACEMOS CIERTAS COSAS DE UNA manera muy particular? ¿Qué nos lleva a millones de nosotros a efectuar una tarea específica siempre de exactamente la misma manera? ¿Cómo puede una población entera llegar a una conclusión de hacer algo de la misma manera?

¿Un resultado único que es común a la gente de todo el mundo? Tan improbable como parezca, esto no es una ocurrencia rara. ¿Por qué sucede esto? La simple respuesta es *lógica*. Ya sea que actúe de forma individual o como parte de un grupo, usted y yo nos pasamos la vida tomando decisiones y llevando a cabo rituales diarios en formas que, para nosotros, tienen sentido.

Así, con todo lo inteligentes que creemos ser, ¿no es extraño darnos cuenta de que, a pesar de la lógica aplastante, de vez en cuando nuestra interpretación de los hechos es incorrecta? ¿Que hay acciones y métodos que concebimos juntos ser más productivos y acerca de los cuales, colectivamente, estamos equivocados? ¡Algunas de las cosas más obvias en las que creemos no son ni siquiera remotamente ciertas!

Este fenómeno se describe más fácilmente con una explicación de lo que hace que suceda en el primer lugar. Muy simple, llegamos lógicamente a una conclusión incorrecta.

Un ejemplo de este fenómeno extraño, pero que ocurre con mucha frecuencia es la forma en que la mayoría de nosotros pelamos una banana. La banana promedio con la que todos estamos familiarizados se vende en casi todos los supermercados del mundo. En las tiendas Walmart es el producto número uno en ventas. He descubierto que las grandes tiendas venden más de mil millones de kilos de bananas cada año. Muy a menudo se venden antes de que maduren completamente, por lo que la piel de la fruta es, por lo general, de color pálido amarillo con un tinte verdoso.

Como todos sabemos, todas las bananas tienen un extremo largo y un extremo pequeño, y basta una mirada rápida para apreciar la diferencia entre los dos. Una vez hecho esto, casi el 100% de nosotros agarramos la banana por el medio y usamos la otra mano para pelarla por el extremo largo.

Parece una cosa tan pequeña, pero ¿por qué pelamos una banana por el extremo largo? ¡Porque la *lógica* nos dice que así tenemos que hacerlo!

Nunca ha sido tema de discusión la forma correcta de pelar una banana. Después todo, el extremo elongado de la banana es por donde la asimos. O la colgamos. ¡Es el mango de la banana! Por lo general, ese extremo tiene una longitud de entre tres y cinco centímetros, es firme, fácil de manipular y de buen tamaño, perfectamente adecuado para que una mano humana la agarre, la levante y la pele. «¿No es fácil de ver», quizás diga alguien, «que el extremo largo de la banana fue creado para este propósito?».

Bueno, puede ser fácil de ver. ¡Pero no! ¡No fue creado para ese propósito!

Esto no quiere decir que no sea lógica la forma en que pensamos cuando vamos a pelar una banana. Lo es. Curiosamente, sin ninguna instrucción previa, hasta un niño la irá apelar desde el extremo largo. Así que, sí, es un pensamiento lógico. La conclusión, sin embargo, es absolutamente equivocada.

Piense en el asunto por un momento. ¿No ha machacado alguna vez esa parte de su banana porque no le resultó tan fácil pelarla? Después de halar y retorcer el «mango», ¿no tuvo que recurrir a un cuchillo o a las uñas para pelarla?

Para clarificar, es cierto que el extremo grande de la banana *fue* creado para *un* propósito. Pero ese propósito no es para que sea el punto de acceso a la parte comestible de la fruta que se encuentra adentro. Su propósito es sostener la banana.

Cuando el fruto de una planta de banana emerge y comienza a crecer, lo hace en una dirección *ascendente*. Así es. Las bananas pueden colgar de sus tallos en su cocina, pero en la naturaleza, no. En el árbol, la banana crece hacia arriba.

A medida que la banana se va haciendo más grande y más pesada, y crece en una dirección ascendente, un solo tallo soporta todo su peso. Tras meses de viento y lluvia, y aguantar las tensiones del movimiento y una carga cada vez más pesada, el tallo mismo va creciendo con lo que se hace más grueso, más fibroso, y progresivamente más fuerte hasta que, por último, cuando se cosecha la banana, ese tallo delgado se ha convertido en la parte más dura y resistente de toda la banana.

En esencia, pelar una banana desde el tallo equivale a acercarse a la única puerta de una casa y decidir, en su lugar, entrar por el otro lado. A través de una pared de ladrillos.

Así que la próxima vez que vaya a un zoológico, visite el habitat de los monos y observe a los comedores de bananas más entusiastas del mundo. Pero observe atentamente. Se sorprenderá ver que, si bien carecen de nuestras habilidades de progresión lógica, cuando se enfrentan con las mismas opciones de pelado como usted y yo, los chimpancés y los orangutanes ignoran indefectiblemente lo que parece tan obvio para nosotros y abren sus bananas por el punto más débil: el opuesto al tallo.

Además de ser una gran conversación introductoria, ¿tiene la historia de la banana algún valor tangible? Para la persona promedio, probablemente no, excepto para pelar las bananas con mayor rapidez. Pero vamos a imaginarnos por un momento que existe un hombre llamado Antonio, que vive en un país del tercer mundo y que se gana la vida pelando bananas.

Durante años, Antonio ha sido uno de los treinta «peladores» que trabaja para una pequeña compañía de enlatado y cuyo propietario paga a sus trabajadores «por banana pelada». Para los mejores peladores, el patrón ofrece un bono semanal; es decir, hay un dinero extra para los que pelan más bananas. Como siempre lo han hecho, todos pelan las bananas comenzando por el mango.

Hace aproximadamente un mes, a Antonio se le ocurrió hacer su trabajo de una manera distinta, exactamente opuesta a la establecida por largo tiempo. Hizo caso omiso de la sabiduría convencional y peló bananas por la otra punta, Antonio triplicó sus ingresos. Durante cuatro semanas seguidas, se ganó el bono por ser el pelador de más alto rendimiento.

Y aquí está la parte importante: sí, a Antonio le pagan por pelar bananas. Pero todo el dinero extra que ha venido ganando lo ha obtenido, en realidad, gracias a una función de su mente y de su espíritu. Ha utilizado su mente para examinar la situación imperante e identificar una cosa pequeña que ha marcado una gran diferencia. Su espíritu le proveyó de las «agallas» para probar algo diferente, para soportar las burlas de los «expertos» con una sonrisa y, de ese modo, evitar la pérdida de tiempo si se hubiese dado por ofendido.

Antes de continuar, permítanme señalar un hecho triste: mucha gente vive toda su vida sin haber pensado jamás más allá de lo que han llegado a creer que es verdad. Es una persona valiosa la que se las arregla para ver una forma nueva de pensar como una oportunidad. No importa si esa persona está realizando un delicado procedimiento quirúrgico o una tarea rutinaria, trivial. Al proyectar una luz hacia las esquinas polvorientas de los procedimientos consuetudinarios, se pueden descubrir nuevas posibilidades, métodos diferentes que con mucha frecuencia producen resultados que sorprenden.

Las consecuencias de aplicar un pensamiento lógico a una conclusión incorrecta pueden ser confusión o frustración. Hacerlo así suele ser hasta divertido. Con mayor frecuencia, sin embargo, cuando este fenómeno se produce a través de grandes grupos de personas, éstas no son ni siquiera conscientes de que la confusión o frustración es efecto de aquello.

Cuando cientos, miles o millones de personas, básicamente concuerdan acerca de cómo se debe hacer algo, puede estar seguro de que se han establecido los «estándares de la industria». Esos estándares dicen cuándo debe comenzarse el trabajo y el tiempo en que debe completarse; cuánto tiempo debe martillarse, prepararse o derramarse, la temperatura adecuada para la máxima producción, el tiempo que se necesita para alcanzar la velocidad requerida. Y lo mejor que uno puede esperar son todas las respuestas que ya se han dado. De hecho, los resultados se enumeran en su manual de mejores prácticas.

Debido a que «cómo debe hacerse» está escrito en piedra, todos siguen «pelando bananas» de la manera menos productiva hasta que alguien como Antonio —o usted— nos muestran con resultados que una cosa *pequeña* puede cambiarlo *todo*.

❦ Ocho ❧

Una cosa pequeña... *como una mejor comprensión*

> *Usted puede llevar un caballo al agua,*
> *pero no puede obligarlo a beber.*

DURANTE MUCHO TIEMPO, PLATÓN FUE «LA PERSONA a la que acudir». Era griego y fue famoso durante su vida, algo bastante inusual en esos días. Cuatrocientos años antes del nacimiento de Jesús, si uno no era un guerrero o un funcionario del gobierno, era difícil destacarse. Platón no solo se destacó, sino que era admirado.

Platón era un pensador. No *El pensador* que Auguste Rodin crearía dos mil trescientos años después. Platón estaba en el centro de los tres grandes filósofos: Sócrates, Platón y Aristóteles los reconocidos maestros del pensamiento crítico. Platón fue discípulo de Sócrates. Aristóteles lo fue de Platón.

No es difícil pensar en las agallas que alguien tendría que tener para desafiar la validez de algo que Platón declaraba como verdad. Sin duda que un ciudadano común y corriente que se hubiese atrevido a poner en duda lo que decía Platón tendría que haber sido objeto de burlas y mofas. Si alguien cuya especialidad hubiese sido la ciencia o la filosofía expresaba su desacuerdo con Platón estaría lisa y llanamente cometiendo un suicidio profesional.

Veamos a nuestro héroe: Demócrito. En los círculos filosóficos, Demócrito era un jugador de segunda; sin embargo, quería subir a un club de primera como un «goleador de excepción». Y lo estaba haciendo mediante declarar que Platón estaba equivocado.

Platón creía que los bloques más pequeños de toda la materia se podían dividir fácilmente en cuatro categorías: fuego, aire, tierra y agua. Todos los demás (incluyendo a Aristóteles) también lo creían así porque eso era lo que Platón pensaba y lo que enseñaba.

Demócrito disentía. Y su postulado era que los ejemplos de Platón sobre los fundamentos de la materia podían dividirse en partes aún más pequeñas. Para describir lo más pequeño a que se refería, ofreció la palabra átomo, que en griego significa «indivisible». De acuerdo con Demócrito, después de examinada, toda la materia podía reducirse a su partícula más pequeña o, a sus átomos. Desde ese punto más pequeño, la materia ya no podía seguir dividiéndose.

Los átomos, afirmaba Demócrito, eran los bloques de construcción de toda la materia. El fuego, el aire, la tierra y el agua de Platón, estaban hechos de átomos.

Como era de esperarse, cuando la noticia de la afirmación de Demócrito llegó a Platón, el fuego, el aire, la tierra y el agua activaron el ventilador. El filósofo de primera se puso furioso y se dedicó a denunciar a Demócrito en todos los foros públicos disponibles (que pudo haber incluido el foro) y trató de convencer al populacho para que quemaran los libros del candidato a «goleador». Para Demócrito, esto fue probablemente peor que no llegar a primera.

Aparentemente todo el mundo hizo exactamente lo que Platón sugirió y destruyeron el material que tanto había ofendido al gran pensador. Porque aunque Demócrito continuó su trabajo, refinando la idea de sus átomos, sus escritos no sobrevivieron. De hecho, si no fuera por las referencias a su trabajo en citas de otros escritores, ni siquiera habríamos sabido que el hombre existió.

Pobre Platón. Si solo usted y yo hubiésemos podido estar allí para decirle la verdad. No la verdad sobre Demócrito. No, usted y yo podríamos haber cambiado todo para Platón revelándole la verdad sobre continuar presionando los límites de lo que creemos que sabemos. Pero Platón era prisionero de sus propias conclusiones.

¡Cuánto más pudo haber desenmarañado y entendido si solo hubiese sabido *QUE SOLO UN NECIO CREE TODO LO QUE PIENSA!*

Por supuesto, la amonestación va también para Demócrito. Sí, tenía razón en su entendimiento de que la materia está hecha de átomos. Sin embargo, estaba *equivocado* al pensar que sus átomos eran la forma más pequeña de la materia. Y estaba *realmente* fuera de base cuando nombró su descubrimiento con una palabra que significa «indivisible» porque, desde entonces, los científicos han estado probando que el átomo sí se puede dividir. ¿Irónico, verdad?

Pobre Demócrito. Si solo usted y yo hubiésemos estado allí para decirle que SOLO UN LOCO CREE TODO LO QUE PIENSA.

Esto es lo que sabemos por ahora: Los átomos vienen en por lo menos 109 tamaños o pesos. Así como cada palabra en este libro se ha creado con solo veintisiete letras, todo en el universo está hecho de átomos. Los átomos son los bloques básicos de toda la materia. Y los 109 tamaños o pesos de ellos son pequeños. De hecho, se requieren más de diez millones de átomos, dispuestos en línea recta a lo largo de esta frase para llegar de un punto al otro. ¿Sabía usted que hay más átomos en la tostadora de su cocina que granos de arena en todas las playas del mundo?

Pero minúsculos como son, los átomos se componen de partículas aún más pequeñas llamadas electrones, protones y neutrones. El número de estas partículas en cada átomo determina cuál de los 109 realmente es cual. El número de protones en el átomo determina lo que se conoce como su número atómico. (Nota: No nos vamos a referir aquí a los elementos químicos. Después de todo, usted memorizó en el colegio la tabla periódica, y estoy seguro de que recuerda cada número).

¿Ha oído hablar de los quarks? Los científicos han reducido el átomo de Demócrito mucho más allá de los protones, los neutrones y los electrones. Han identificado seis variedades de quarks mezcladas con lo que los físicos llaman un zoológico de partículas. Allí, a grupos separados de partículas se las llama tribus. Un quark es mil veces más pequeño que el núcleo de un átomo. Y eso es realmente decir algo porque el 99% de un átomo es solo espacio vacío.

Paremos aquí. Sí, podríamos hablar también de la materia oscura y de a una división más pequeña de ese zoológico de partículas que ahora se estudia como parte de lo que se llama la teoría de cuerdas. Pero para la mayoría de nosotros el punto debiera ser claro. Mientras que otros inevitablemente llegan a la línea de meta del aprendizaje y quedan satisfechos con lo que saben y quiénes son, usted y yo debemos seguir adelante para alcanzar el potencial con el que hemos sido creados.

No crea siempre todo lo que piensa. Hacerlo será el final de cualquier crecimiento exponencial que pueda haber experimentado en su vida.

El rey Salomón escribió que, a lo largo de nuestras vidas, deberíamos buscar la sabiduría como si estuviéramos buscando un tesoro perdido. Dijo que la sabiduría es digna de cualquier precio que uno tenga que pagar por ella. La verdad es el fundamento de la sabiduría. Y un principio, como ustedes saben, es una verdad fundacional. Por lo tanto, saber que una verdad fundacional es siempre verdad, significa que los principios siempre funcionan.

Por esto si queremos ser sabios, deberíamos tratar de obtener un vasto conocimiento de principios. Y deberíamos esforzarnos por comprender esos principios. Entonces deberíamos profundizar aún más, pensando en la manera de llegar a una más profunda comprensión de los principios.

Una comprensión profunda de los principios contiene una cantidad impresionante de poder y protección para usted y su familia. Como los principios funcionan siempre, funcionan sea usted consciente de ello o no. ¿Ha escuchado la frase «la ignoracia de la ley no le exime de ella»? Bueno, recuerde también esta otra: «Ignorar un principio no le exime de las consecuencias de violar ese principio solo porque no lo conocía».

La gravedad es un principio. No importa si lo sabe o no, lo entiende o está de acuerdo con él. Si tropieza en el borde de un acantilado, el principio de la gravedad mostrará su potencia máxima a pesar de su sorpresa.

No olvide que la gravedad estaba en acción mucho antes de que la manzana le cayera en la cabeza a Newton. Pero cuando *cayó* y Newton entendió lo que significaba, pudo explicarlo a los demás. A lo largo de los años, se ha logrado una comprensión más profunda de la gravedad. Esto ha permitido a la sociedad aprovechar ese principio y crear líneas aéreas, puentes colgantes, y un gran número de cosas que la gravedad permite.

Una comprensión más profunda es solo un *poco más* de comprensión de la que tenemos hoy.

Un poco más de comprensión puede cambiar el mundo.

Casi no hace falta decir que hay un beneficio en aprender algo nuevo. Lo más interesante, sin embargo, es otra pieza del rompecabezas raramente considerada. Hay ventaja competitiva tremenda, casi abrumadora, en adquirir una comprensión más profunda y una mayor claridad, al aprender más acerca de un asunto en el que usted anteriormente no se destacaba. O sobre el cual usted estaba singularmente desinformado. O dramáticamente mal informado.

Piénselo. Con la perspectiva y la claridad viene la comprensión de que *ahora usted entiende algo de una manera y a un nivel que antes no podría haber comprendido*. Por ejemplo, después de leer este libro, usted podrá tener una perspectiva diferente y un mayor nivel de claridad sobre varias cosas que casi nadie de la competencia entiende. Si se mueve en el mundo de los negocios (si tiene un trabajo, está en el mundo de los negocios) o si participa en un deporte jugando o entrenando, va a comenzar a dominar la primera etapa de un proceso clave que yo enseño a mis clientes: *compita a un nivel en el que su competidor ni siquiera se dé cuenta de que está participando en un juego.*

Eso es más fácil de hacer de lo que usted podría pensar, especialmente porque los competidores en todas las industrias compiten exactamente de la misma manera. Y porque todos compiten de la misma manera, se vigilan entre ellos estrechamente y *hacen lo que ya saben hacer*.

En otras palabras, la competencia hace lo que ellos *piensan* que deberían hacer porque sus estándares de la industria, sus manuales de mejores prácticas y una mentalidad cultural anquilosada les dicen que las cosas se tienen que hacer como las están haciendo.

Entonces, ¿cómo comenzará usted a competir en un nivel diferente? Examinando su pensamiento, especialmente acerca de cómo se están haciendo las cosas en su negocio y ¡aceptando que no siempre puede creer todo lo que piensa!

Así que, antes de seguir adelante, aquí hay dos preguntas importantes que usted debe enfrentar:

1. ¿Cuánto tiempo estoy dispuesto a esperar para cambiar virtualmente cada resultado que he obtenido?
2. ¿Cuándo es AHORA un buen momento para empezar?

Una cosa pequeña...
como una perspectiva

> *La perspectiva es la única cosa consistentemente*
> *más valiosa que la respuesta misma.*

A LO LARGO DE LOS AÑOS HA CRECIDO MI ENTUSIASMO en el poder de la perspectiva más que cualquier otro principio que haya tratado de entender. Debido a que siempre estoy aprendiendo más sobre esta fuerza asombrosa, parece que siempre va a parar a cada libro que escribo y a cada discurso que pronuncio, ya sea que tome la forma de una reflexión entre los personajes de una novela o una declaración de varios hechos como hago a continuación.

HECHO: USTED ELIGE SU PERSPECTIVA.

En un mundo donde tantos se sienten impotentes, ¿no sería gran-dioso estar en control? Bueno, usted lo está —o puede estarlo— si entiende la naturaleza de la perspectiva y está dispuesto a beneficiarse de su autoridad.

Su perspectiva es solo suya. Usted es el dueño de ella. Nadie puede cambiarla o disminuirla sin su permiso. Usted fue creado con libre albedrío. Puede DECIDIR cómo quiere ver las cosas. Mientras otros ven una cierta circunstancia como el final del camino, usted puede decidir verla como solo el comienzo.

Seguramente ha oído eso de que la percepción de uno es la realidad de uno, y eso es a menudo cierto. Sin embargo, si usted se propone vivir una vida de gran influencia y rica retribución, es fundamental que entienda la diferencia entre percepción y perspectiva.

Percepción —cómo se *percibe* una situación—tiene que ver con lo que uno decide lo que realmente son los hechos en un momento dado. La perspectiva, por otra parte, tiene que ver con lo que uno decide que *significan* los hechos de ese momento en términos de dirección hacia el destino final deseado.

La percepción se preocupa de lo que es.

La perspectiva se preocupa de nuestra capacidad de dirigir lo que ocurre desde ese punto en adelante *según nuestra interpretación de lo que es.*

La percepción puede proporcionar una comprensión precisa de un evento en particular en un momento específico, pero por sí misma —usada sin la perspectiva apropiada— puede conducir al cinismo y a la desesperación. Solo añadiendo una perspectiva adecuada a nuestra percepción de una situación específica podemos comenzar a dar forma efectiva al futuro de nuestra elección. Esta es, de hecho, la verdadera razón por la cual su percepción y su perspectiva acerca de algo casi nunca deberían ser lo mismo.

Por ejemplo: Supongamos que usted percibe una situación como «lo peor que pudo haber sucedido». Si usted deja que su perspectiva coincida con esa percepción, le estará permitiendo que determine (y limite) su futuro. Por lo tanto, y no sorprendentemente, por colapso, queja y sin hacer nada, permite a su percepción mantener su precisión para siempre. En efecto, su percepción dio en el blanco, y sin el poder de una perspectiva diferente, la situación realmente fue lo peor que pudo haber pasado.

Por supuesto, cuando sucede lo peor, también usted puede elegir una perspectiva *diferente*. Puede elegir levantarse, quitársela de encima, y sonreír. Puede elegir explorar los «escombros del desastre» para obtener lecciones valiosas. Puede elegir cambiar de marcha y comenzar fresco, utilizando diferentes métodos, mientras decide ser agradecido por la rara oportunidad de saber de antemano lo que no funciona si la situación se presenta de nuevo. Puede usar tiempo adicional para leer, orar, guardar silencio y pensar. En seguida, puede permitir que toda la nueva comprensión que ha obtenido para unirse en planes de certeza para un futuro asombroso que de otra manera nunca habría conocido.

En ese punto usted se da cuenta de que haber elegido su perspectiva le permitió ser el autor de su propia realidad. ¿Y cuál es esa realidad? Que *lo peor que pudo haber ocurrido se ha convertido en* LO MEJOR *que pudo haber pasado*.

La elección de su perspectiva también le ayudará a ver la diferencia entre lo que funcionará y lo que es LO MEJOR. Una de las lecciones más valiosas que usted podría aprender es que esas dos raras veces son lo mismo. En un tiempo de crisis, mucha gente está tan desesperada que va a empujar una respuesta a la situación sin una consideración adecuada en cuanto a tiempo y valor.

Las elecciones y decisiones tomadas por personas inteligentes, por lo general, funcionan de cierta manera y en cierto grado. LAS MEJORES respuestas a una situación, sin embargo, a menudo contienen un elemento de tiempo.

Además, le instaría a que vea con qué frecuencia las personas inteligentes recopilan los hechos y luego toman sus decisiones basadas en esos hechos. En realidad, es lo que la mayoría de la gente hace porque produce resultados que funcionan (de cierta manera y en cierto grado).

Contraste ese método con la manera en que las personas *sabias* abordan ese mismo tipo de situaciones. No tardará en notar que ellas también recopilan los hechos pero en lugar de tomar una decisión basadas únicamente en tales hechos, primero los descomponen y luego aplican una buena dosis de perspectiva. Esa perspectiva les permite elegir EL MEJOR curso de acción y poner todo en movimiento en el *mejor* momento. (Nota: en el capítulo 14 encontrará más información sobre elegir LO MEJOR).

La perspectiva sobre una situación produce calma. La calma conduce a un pensamiento claro. El pensamiento claro da lugar a ideas y ayuda a discernir la diferencia entre las áreas problemáticas y las oportunidades. El pensamiento claro también señala el momento perfecto. Y todo esto conduce a la respuesta que usted sabrá con certeza es LA MEJOR que se puede emplear.

HECHO: LA PERSPECTIVA ES LA ÚNICA COSA QUE PUEDE CAMBIAR DRAMÁTICAMENTE LOS RESULTADOS SIN CAMBIAR CUALQUIERA DE LOS HECHOS.

Yo podría llenar este libro con historias que prueban esta declaración. Estas historias van desde perspectivas individuales que cambiaron los resultados de una carrera profesional y perspectivas de estudiantes que cambiaron sus calificaciones a perspectivas nacionales que cambiaron la historia. Sin embargo, para nuestros propósitos aquí, vayamos a un resultado simple pero asombroso producido solo por la perspectiva.

Al momento de escribir este libro, el promedio de restaurantes de comida rápida en los Estados Unidos recaudaba ochocientos mil dólares por año. Y según los datos que encontré, el domingo es el mejor día para este tipo de negocios. Se gasta más dinero el domingo que cualquier otro día de la semana. Páginas y páginas de información muestran que esto no es un nuevo capricho en los hábitos alimenticios de este país, sino que es algo que ocurre desde hace tiempo.

Durante años, cada operación en la industria de comida rápida ha tenido acceso a los mismos datos, a los mismos hechos. Después de un cuidadoso examen de esos hechos ¿lo ven todas las operaciones de la misma manera? Basadas en la misma información ¿han elegido todas ellas la misma perspectiva? No.

McDonald's ve los hechos y determina que solo tiene sentido golpear mientras el hierro está caliente, aprovechar mientras la situación es propicia. Obviamente, hay más dinero para ganar los domingos que en cualquier otro día de la semana. La creciente multitud de clientes debe ser atendida rápidamente. Por lo tanto, la perspectiva de McDonald's es que el domingo es un gran día por lo cual hay que poner a trabajar a la mayor cantidad de empleados posible de manera que toda la clientela resulte bien atendida.

Chick-fil-A también ha tenido acceso a la misma información durante años. Cada vez que se publican hechos y cifras de la industria, los ejecutivos de Chick-fil-A revisan los mismos detalles, entregados en la misma manera y al mismo tiempo, como sus homólogos en McDonald's.

La información es clara y consistente. El domingo continúa siendo, con creces, el mejor de cara a los ingresos que cualquier otro día de la semana.

Así que, después de examinar los mismos datos, la perspectiva de Chick-fil-A es que hay algunas cosas más importantes que simplemente vender otro sándwich más de pollo. Su perspectiva es que el domingo es un gran día para dar a sus empleados el día libre. Esto se hace para permitir a las familias estar juntas, que tengan la oportunidad de reagruparse, tomar un respiro profundo, e incluso que sus empleados vayan a la iglesia si lo desean.

La misma industria. Los mismos datos. Perspectivas diferentes. Pero aquí es donde el asunto se pone realmente interesante. ¿Recuerda el promedio de ingresos de los restaurantes de comida rápida? En general, las franquicias y cadenas, tomadas como un todo, promediaban, cada una, $800.000 por año. Las operaciones de McDonald's, obviamente, están muy por encima de la media, por lo que probablemente no sorprende oír que el promedio de ingresos que McDonald's recauda es de $2,6 millones por año.

Uno podría estar tentado a pensar que Chick-fil-A se sentiría abrumado por ese tipo de competencia y esas cifras. Nada de eso. Ahora, recuerde, Chick-fil-A nunca está abierto las 24 horas del día y nunca abre los domingos. Sin embargo, con una cantidad reducida de horas y 52 días menos en el calendario, el promedio de ventas del restaurante Chick-fil-A alcanza a los $4 millones por año.

La perspectiva es una cosa pequeña, pero es lo *único* que puede cambiar dramáticamente los resultados sin cambiar ninguno de los hechos.

Una cosa pequeña... *como un rifle de aire comprimido*

> *En la mano tenía la caja nudosa del arma más fría y amenazante que he visto en la vida.* —*Jean Shepherd*

LA MASA TERRESTRE QUE ACTUALMENTE OCUPA LOS Estados Unidos de América estuvo alguna vez separada en cuatro partes por fronteras ocasionales propiedad de cuatro países diferentes: Inglaterra, Francia, España, y un Estados Unidos muy joven. Este hecho, estoy bastante seguro, usted ya lo conoce.

Hay, sin embargo, una nota de pie de página en la historia más grande, algo que casi todos los historiadores pasan por alto. Y esta es la nota: Cómo el país más joven llegó a hacerse con de todo el territorio. La historia se refiere a un periodo de dos años, desde 1804 a 1806 y una simple arma de fuego considerada un ícono que nunca se uso contra ninguna persona. Sin embargo, se utilizó una y otra vez, hasta llegar a ser una de las armas más influyentes en la historia. No hay duda de que esta arma —en múltiples ocasiones— cargó con gran parte de la responsabilidad en la expansión de los Estados Unidos hasta su forma geográfica actual.

Adivine qué tipo de arma era. ¿Sería el fusil largo de Kentucky? ¿O el revolver con tambor de seis balas de Samuel Colt? ¿Cualquiera de los rifles de repetición de Winchester?

No, no y no.

Bien pensado al mencionar esos tres. Pero sus respuestas no están ni cerca del arma que permitió a los Estados Unidos extenderse «de costa a costa».

¡Esa arma fue un rifle de aire comprimido!

Extraño, ¿no? Después de todo, ¿cuál es la primera cosa que se le viene a la mente cuando lee *rifle de aire comprimido*? Si su cerebro evoca inmediatamente escenas de la película *Una historia de Navidad*, usted no está solo: *¿Un rifle de aire comprimido? ¿Querrá decir «el rifle de aire de doscientos disparos de Red Ryder»? «¿O esa que tiene una brújula en la culata y un aparato que le da la hora?»*.

Mucha gente piensa que el humilde rifle de aire comprimido es poco más que un juguete, la clase de regalo que un niño de nueve años anhelaría recibir. Pero, como dije, hay una historia de poder en su pasado. Poder real. El tipo de poder que puede forjar naciones.

En otras palabras, ¡más poder del necesario para «sacarte un ojo»!

En mayo de 1804, el cuerpo expedicionario partió de Missouri hacia regiones desconocidas. El pelotón estaba formado por treinta y tres hombres y el tercer presidente de los Estados Unidos, Thomas Jefferson, les había encomendado que «buscaran y encontraran lo que fuese». En ese tiempo, Missouri era el extremo occidental del país y muchos estadounidenses, incluyendo el Congreso, eran de la opinión que lo que fuese que había allí se lo podían quedar los franceses, españoles y británicos. Jefferson no estaba de acuerdo.

Para ir al frente de la expedición, el presidente había escogido a un capitán del ejército estadounidense, Meriwether Lewis. Lewis entonces seleccionó a su amigo William Clark como segundo al mando. Oficialmente, el propósito del viaje era descubrir una ruta acuática hacia el Océano Pacífico, y la justificación pública de Jefferson para el empeño estaba basada en la posibilidad de incrementar el comercio. En privado, sin embargo, él tenía razones muy diversas.

Había oído historias que daban cuenta de vastas tierras al oeste. Además, había leído el relato del capitán James Cook sobre su tercer viaje a través del Pacífico y el libro de Alexander Mackenzie, *Voyages from Montreal*, publicado en 1801. El libro de Mackenzie en particular, había convencido al presidente de que Inglaterra tenía la intención de controlar el cada vez más valioso comercio de pieles del noroeste del Pacífico. Con esa información, añadida a las historias de madera, oro, agua pura y valles fértiles, Jefferson decidió que los Estados Unidos debían asegurarse ese territorio para sí mismo tan pronto como les fuera posible.

Para financiar la expedición, el Congreso acordó proporcionar solamente dos mil quinientos dólares. Otros cincuenta mil fueron aportados por lo que se describió como «las fuentes secretas de Jefferson». Con este dinero se compraron suministros suficientes para lo que se prolongara la expedición, que terminaría durante dos años, cuatro meses y diez días.

El viaje comenzó en Camp Dubois en el río Mississippi, al norte de Saint Louis. El 24 de mayo, los hombres pasaron por el asentamiento de Daniel Boone. Casi dos semanas después marcaron el Día de la Independencia en Atchison, Kansas. Y el 21 de julio de 1804, el cuerpo expedicionario alcanzó el río Platte, a 1.030 kilómetros de St. Louis. Habían entrado en territorio Sioux.

A partir de ese día, lo que ha llegado a conocerse como la Expedición de Lewis y Clark se mantuvo en contacto permanente con las naciones indias: la tribu Oto, los Missouris, los Yanktons... Ninguna de ellas muy felices con la presencia de hombres blancos. A finales de septiembre fueron detenidos por los hostiles Lakota Sioux. El 8 de octubre, Lewis y sus hombres se enfrentaron con una tribu Arikara que contaba con más de dos mil guerreros.

Sin embargo, a pesar de encuentros constantes con Mandan, Hidatsa, Shoshone, Flathead, Nez Perce, Chinook y Blackfoot siguieron adelante sin perder hombres ni provisiones.

El 20 de noviembre de 1805, el cuerpo expedicionario finalmente vadeó en el Océano Pacífico. Decidieron pasar el invierno al lado sur del río Columbia. El 22 de marzo de 1806, la expedición se dirigió al este, de vuelta a casa, navegando por una ruta diferente. En este viaje de regreso y casi constantemente, se encontraron con más y diferentes tribus indias. Viajaron durante la primavera y el verano, y llegaron finalmente a Saint Louis el 23 de septiembre de ese año, 1806.

Dos años. Cuatro meses. Diez días. Durante ese tiempo, un miembro de la expedición murió a causa de una ruptura de apéndice. Pero aparte de la desventura de Charles Floyd, Lewis y Clark no perdieron otro hombre. Para ser claro, no se perdió un solo miembro de la expedición por causas violentas, a pesar de que viajaron abiertamente a través del corazón de tierras indias.

Durante años los historiadores se han preguntado, en voz alta y por escrito cómo fue posible que Lewis y Clark hubieran podido recorrer todo ese camino a través del continente y regresado con solo treinta hombres y sin perder una sola vida ni suministros en circunstancias hostiles. ¿Cómo pudieron hacer frente a dos mil arikaras? Cuando le robaron el perro a Lewis ¿cómo pudo exigir que se lo devolvieran? ¿Por qué los shoshones proporcionaron a los expedicionarios veintinueve caballos para que pudieran cruzar las Montañas Rocosas?

La respuesta a todas estas preguntas es esta: Lewis tenía un rifle de aire comprimido.

En 1804, la migración hacia el oeste había llegado hasta el río Mississippi. En un poco más de 150 años, la civilización había venido empujando desde el Océano Atlántico. Eso fue suficiente tiempo y distancia para convencer a los indios de que el hombre blanco no solo pretendía quedarse, sino que seguiría presionando los límites occidentales.

Decididos a no tolerar más la presencia de los colonos ni a negociar con su gobierno, los indios se dispusieron a defender lo que veían como su tierra.

Las técnicas de batalla que desarrollaron para enfrentar a los blancos fueron bastante inteligentes. Si bien la mayoría de ellos no poseían armas de fuego, tenían arcos, cuchillos, palos, caballos... y una capacidad increíble para saber cuál era el mejor momento para atacar con éxito.

Curiosamente, fue el arma del hombre blanco la que les señalaba ese momento.

A principios de 1800, los rifles se cargaban únicamente por el cañón y podían disparar un solo tiro. Se requerían entre treinta y cuarenta segundos para recargarlos y tenerlos listos para volver a disparar. Los indios, que sabían esto, se guarecían entre los árboles cuando iban a pie o iban al galope en sus caballos cerca de sus enemigos, muchas veces colgando por el lado opuesto de los animales.

La táctica era provocar al enemigo de modo que cuando, inevitablemente, el hombre blanco disparaba, los indios atacaban antes de que el fusilero pudiera volver a cargar el arma.

Si bien es cierto que un indio no era rival para un hombre blanco con un rifle cargado, una vez que el rifle estaba descargado, la ventaja se iba hacia el otro lado. Ningún hombre blanco podía contra un enjambre de indios armados con cuchillos y palos. En una refriega cuerpo a cuerpo, el indio tenía todas las de ganar.

Entonces hace su entrada el rifle Girandoni de aire comprimido. Diseñado por un inventor italiano, el Girandoni fue utilizado por el ejército austriaco desde 1780 hasta 1815. El rifle era de poco más de un metro con veinte centímetros de largo y pesaba alrededor de cuatro kilos, casi exactamente el tamaño y la forma de aquellos de un solo tiro que se cargaban por la boca. Su culata era un depósito de aire desmontable que se llenaba con una bomba de mano parecida a los infladores de las bicicletas de hoy.

Tenía un bello acabado y disparaba una bola de plomo calibre .46 que era efectivo a unos 115 metros. Debido a que no utilizaba propulsores o pólvora de ningún tipo, no emitía humo cuando se lo disparaba. Y debido a que su fuente de poder era simplemente aire comprimido, era muy silencioso comparado con otras armas de su época.

Sí, el Girandoni era inusual en todos los sentidos, pero su mayor diferencia fue tan sorprendente al comprobar que proporcionó al cuerpo expedicionario una ventaja suprema. Ajustado contra su cañón, el rifle tenía un cargador tubular, alimentado por gravedad con una capacidad de veinte bolas calibre .46. Sin necesidad de volverlo a presurizar entre tiro y tiro, el Girandoni podía disparar sin parar. Cuando se apretaba el gatillo, el único movimiento que se requería para volverlo a cargar era alzar levemente el cañón. Esto hacía que otra bola de plomo se deslizara al lugar apropiado de modo que en cuestión de segundos el rifle podría dispararse de nuevo.

Lewis había comprado el rifle por un capricho en *Harper's Ferry*, West Virginia, mientras se aprovisionaba de suministros para la expedición. Su capricho resultó afortunado. Aunque sorprendidos al principio por la astucia de los indios, los hombres pronto se dieron cuenta de que estaban en ventaja para el ataque. Sabiendo que no podían competir en número con los guerreros de las tribus de lo cual parecían jactarse, Lewis ideó una trampa.

Así, inmediatamente después de establecer contacto con los indios, tratárase de un grupo pequeño que vagaba sin rumbo fijo o de una tribu completa, Lewis presentaba regalos a los jefes y les anunciaba una demostración. Con el rifle de aire comprimido en sus manos, ordenaba a un hombre que pusiera un blanco a unos cien metros de distancia. Cuando tenía la atención de todos, Lewis disparaba una y otra vez dando en el blanco.

¿Qué clase de magia es esta? Debían de haberse preguntado los indios. *¡El rifle no hace ruido y dispara sin recargar!*

Durante más de dos años, las demostraciones de Lewis protegieron al cuerpo expedicionario de ataques. Es interesante, sin embargo, que lo que los indios no sabían era tan importante para el éxito de la expedición como lo que sí sabían.

Por ejemplo, Lewis nunca permitió que los indios vieran cómo se presurizaba el rifle, por lo que nunca supieron cuál era su fuente de poder, o sus limitaciones. Nunca supieron que el Girandoni requería aproximadamente unos mil quinientos golpes con la bomba manual para llenar la cámara de aire. Y porque Lewis siempre se negó a disparar más de doce o catorce tiros de una vez contra un grupo en particular, nunca tuvieron idea de cuántos disparos se podían hacer y simplemente asumieron que no había límite.

Sin embargo, la mayor audacia de todas fue la creencia de los indios de que cada rifle del cuerpo expedicionario era como el utilizado por Lewis en sus demostraciones. Por eso, porque los indios no podían imaginarse sobrevivir contra la tasa de fuego de treinta de estas armas, nunca volvieron a atacar.

Es un hecho aceptado entre los historiadores que la actual extensión geográfica de los Estados Unidos fue posible gracias a Lewis, Clark y a su cuerpo expedicionario. Si la expedición hubiese fracasado, no habrían podido cumplir con su misión de «buscar y encontrar lo que fuese». Ciertamente viviríamos hoy en un mundo diferente. Y pensar que todo se equilibró sobre una tan pequeña cosa.

A lo largo de la historia, la Expedición Lewis y Clark es el único caso registrado en el que una nación entera de individuos tan dispersos como estaban, haya sido derrotada de esa manera. Increíblemente, por un rifle de aire comprimido.

¡Y por *uno* solo!

¡Un rifle de aire comprimido que ni siquiera apuntaba en su dirección!

✎ Once ✎

Una cosa pequeña...
como ser diferente

Confort, aceptación y seguridad son recompensas de la vida que la persona típica exige de inmediato. Los triunfadores extraordinarios, sin embargo, trabajan sin ninguna de esas tres recompensas en mente por un tiempo para que sus familias puedan disfrutar de grandes porciones de las tres por generaciones.

CON TANTAS PERSONAS BUENAS Y TRABAJADORAS QUE están esforzándose para lograr más ¿se ha preguntado alguna vez por qué relativamente pocos alcanzan resultados extraordinarios? Yo creo que en gran parte se puede explicar de esta manera: todo el mundo quiere marcar una diferencia, pero nadie está dispuesto a ser diferente.

Si observa con atención, verá que la mayoría de nosotros alcanzamos y mantenemos un nivel de «excelencia promedio» que se alinea más con los logros de nuestros pares. En otras palabras, todos tendemos a obtener los mismos resultados generales. Y no solo resultados similares a los de la gente de nuestra oficina o de nuestro equipo sino que este fenómeno de resultados similares se produce en todo el mundo y en todos los ambientes. Es común en la industria, en los deportes, en los sistemas educativos y en las instituciones culturales.

En caso de que usted no lo sepa, las personas promedio se comparan con otras personas. Esa es la razón por la cual son promedio.

Comparan las finanzas de los demás, los matrimonios de los demás, los hijos de los demás, las casas de los demás, las vacaciones de los demás, los automóviles de los demás y agregue usted lo que quiera. Todo esto lo utiliza la gente promedio para averiguar si sus propios resultados están a la par con los de aquéllos. Si el hombre promedio determina que está un poco por delante, se siente justificado en relajarse un poco. Si la mujer promedio determina que está un poco atrás, trabaja más duro para emparejarse. Todo esto ocurre porque las personas promedio se comparan con los demás.

En su defensa, la gran mayoría de estas personas argumenta que las cosas que pasan por alto son componentes minúsculos, aparentemente ordinarios, de la vida diaria. Además, *si se dieran cuenta* de ellas, la mayoría no les dedicaría ni el más mínimo pensamiento. No que estas cosas pequeñas no lo *merezcan*, sino que la mayoría de la gente no *piensa* de esta manera.

En el otro extremo del espectro, los que logran resultados extraordinarios, no se comparan con otras personas. En lugar de eso se comparan ellos mismos con su propio potencial. ¿Y cuál podría ser su *potencial*? ¡Lo que decidan que sea!

Una cosa es segura: ellos no le permitirán ni a usted ni a mí que les definamos su potencial. ¿Está claro?

Cuando hablo con personas que trabajan con adolescentes, a menudo les pregunto: «¿Cuál es la mayor preocupación de los adolescentes? ¿En qué piensan con mayor frecuencia?». Sus respuestas casi siempre tienen algo que ver con un deseo aplastante de ser aceptados por sus pares o encajar con ellos. No hay nada que un adolescente odie más que sentirse diferente o «raro». Y eso no debería sorprender a nadie. La mayoría de los adultos todavía están enfrentando esos mismos sentimientos.

A continuación, hay unas cuantas preguntas importantes para hacer a los adolescentes que haya en su vida. También son apropiadas para planteárselas usted mismo. Recuerde, aquello tras lo cual usted siempre anda es un aumento constante en su nivel de comprensión.

1. Cuando usted se fija en la forma en que las personas promedio viven en términos de finanzas, de tiempo que dedican a

hacer lo que les gusta, de sentirse felices con el trabajo que hacen, con sus familias o negocios, ¿cree que ellos viven excepcionalmente bien?

2. De aquí a diez años, ¿le gustaría vivir como las personas que acabamos de describir?

3. ¿Por qué cree que la mayoría de ellos están donde están?

4. ¿Es verdadera o falsa la siguiente afirmación? *Sabiendo que los médicos en los Estados Unidos se graduaron de una escuela de medicina, ¿debería alguien que aspira ser médico algún día, pensar en ingresar a una escuela de medicina?*

5. Verdadero o falso: *si alguien desea ser un abogado debería pensar en ingresar a una escuela de medicina.*

6. ¿Por qué la respuesta a la pregunta anterior fue «falso»?

7. Volvamos a la pregunta número dos. De aquí a diez años, si de hecho *no* estuviera contento con vivir como viven los demás, ¿tendría sentido que cuanto más diferente sea usted de ellos durante ese tiempo más probable sea que termine en un lugar diferente?

En la mayoría de los casos, los que consiguieron logros extraordinarios se sintieron cómodos con que se les viera como «diferentes» o incluso «raros» mucho antes de que alcanzaran el nivel de éxito que buscaban. Es una distinción que a menudo la gente promedio no hace. Si uno desea vivir la vida en un nivel diferente, no lo va a lograr yendo por el mismo camino por el que van los demás.

En otras palabras, si quiere ser diferente, ¡debe ser diferente!

Tendrá también que actuar de manera diferente. Por ejemplo, en nuestro mundo de hoy las maneras excepcionales son *diferentes*. Y mientras estamos en el tema, es importante entender que al principio ser diferente puede resultar extraño, aunque no lo sea.

Cuando viajo, a menudo acostumbro a regalar libros a las personas con las que me relaciono. Una vez, hace algunos años, mis hijos, Austin y Adam, fueron conmigo en un viaje. Antes de salir de casa, empaqué varios ejemplares de mi libro para niños, *The Kid Who Changed the World* [El niño que cambió el mundo], para cada uno de ellos. Les sugerí que los regalaran a los niños y a los padres con los que nos relacionáramos en el camino. Sin mucho entusiasmo (me di cuenta), ellos aceptaron hacerlo.

Pero no lo hicieron. Cuando desempacamos después de la última etapa de nuestro viaje, vi que los libros seguían en sus mochilas. Más tarde, les pregunté por qué no habían regalado ni siquiera uno.

—Papá... ¿la verdad? —me contestó el mayor—. No podemos simplemente ir a cualquiera en un aeropuerto y darle un libro a su hijo.

—¿Por qué no?

—Papá... —dijo Austin, el mayor, como si yo supiera la respuesta—, porque eso es raro.

Miré a Adán. Alzó una ceja y asintió con la cabeza, para mostrar que estaba de acuerdo con su hermano.

—Déjenme ponerlo de esta manera —les dije—. Ven a un niño de seis o siete años con sus padres. Se acercan, sonriendo, y les dicen que se dieron cuenta de que son una familia y que quisieran regalarle un libro al niño. Y entonces le pasan un ejemplar nuevo, bien colorido, de tapa dura y que lleva la firma de su autor. Ellos se lo agradecen efusivamente y entonces ustedes se van.

Hice una pausa y les pregunté:

—¿Es eso raro?

—Sí, papá —dijeron ambos—. Eso es raro.

—Está bien —suspiré y sonreí—. Esto solo tomará un segundo. ¿Quieren saber la verdad? —les pregunté.

—Bueno —respondieron, cautelosos.

—Bien. Esta es la verdad. Eso no es raro. Ustedes *piensan* que es raro, pero no lo es. La razón por la que piensan que regalarle un libro a una familia es raro es porque nadie lo hace. Pero no es raro. Es diferente. Ahora, si ustedes van corriendo y con la lengua afuera donde está esa familia y le tiran el libro, eso sería raro. Pero regalar algo con amabilidad, ser generoso, sonreir mientras les hablan, ponerse de pie cuando su madre viene a la mesa, darle la mano a alguien con quien se encuentran, estas cosas no son raras y nunca deben dejar que alguien los haga sentir como si lo fueran. Son diferentes, sí. Y si deciden prestar atención a cómo aprender a comportarse de esta manera, sus vidas también serán diferentes.

Para terminar este capítulo, permítanme señalar que, en términos de porcentajes de la población mundial, no hay muchos triunfadores extraordinarios. Esto es porque a los triunfadores extraordinarios se los considera diferentes. Sus situaciones financieras son diferentes de las de las personas promedio. Poseen diferentes niveles de influencia. Viven vidas diferentes.

Si usted quiere ser un triunfador extraordinario, ¡entonces realmente quiere ser diferente!

Una cosa pequeña… *como la mitad de una moneda de cinco centavos*

> *Un secreto no puede guardarse permanentemente. La verdad siempre encuentra la forma de salir a la superficie.*

RUDOLF ABEL ERA, AL DECIR DE TODOS, UN HOMBRE brillante. En las décadas de 1920 y 1930, antes de dirigir personalmente varias operaciones exitosas contra Alemania durante la Segunda Guerra Mundial, fue instructor para la agencia de inteligencia de la Unión Soviética. Después de que la guerra hubo terminado, lo reclutó la KGB y rápidamente le otorgó el rango de coronel.

En 1948, viajó a Varsovia y se deshizo de sus credenciales soviéticas, reemplazando sus documentos de identificación con un pasaporte americano falso. De Varsovia pasó a Checoslovaquia, luego a Suiza, y de allí a París. En Francia se procuró un pasaje en un barco y se dirigió a Norteamérica, desembarcando en Quebec, Canadá. A los pocos días abordó un tren para Montreal, y desde allí, el 17 de noviembre, entró a los Estados Unidos.

Un poco más de una semana después, Abel logró adquirir un certificado de nacimiento de un niño muerto, una tarjeta de reclutamiento falsa, un certificado de impuestos igualmente falso y, de una conexión en el Consulado Soviético, miles de dólares en efectivo.

También obtuvo un nuevo pasaporte que coincidía con el certificado de nacimiento y, con su nueva identidad, terminó por fijar su residencia en la ciudad de Nueva York.

En julio de 1949, se reunió con su contacto del Consulado Soviético. Se le proporcionaron fondos y se le ordenó activar una red de agentes secretos con el propósito expreso de contrabandear los secretos atómicos de los Estados Unidos a la Unión Soviética.

Hoy en día, gran parte de lo que Abel logró sigue siendo información clasificada. Se sabe, sin embargo, que durante este tiempo se le otorgó la Orden de la Bandera Roja, una medalla pocas veces concedida y reservada normalmente para personal militar de alto nivel. Continuó su trabajo hasta 1957, cuando fue arrestado y convicto por espionaje por la corte federal estadounidense y luego sentenciado a cuarenta y cinco años de prisión. Sin embargo, solo sirvió cuatro, antes de ser intercambiado por Francis Gary Powers, el piloto estadounidense del avión U-2.

¿Cómo fue capturado Abel? Esta es la mejor parte de la historia. Así que vamos a retroceder un poco a la noche del 22 de junio de 1953.

Jimmy Bozart tenía trece años. El dinero que ganaba repartiendo periódicos era importante para su familia. Vivía en un derruido apartamento con muy poco mobiliario y apenas lo suficiente para comer.

En Brooklyn, en el sexto piso de un edificio de apartamentos mucho más agradable, vivían dos maestros que acostumbraban a dar buenas propinas. A Jimmy le daban cincuenta centavos por semana cuando el costo real por su suscripción al *Brooklyn Eagle* era de treinta y cinco centavos. En 1953, quince centavos no era poca cosa, y Jimmy no obtenía muchas propinas de esa cantidad.

Esa tarde, Jimmy agradeció a los maestros y empezó a descender los seis pisos de escaleras. Como era su hábito, mientras descendía iba separando el dinero: lo correspondiente a la entrega de los periódicos iría a su bolsillo izquierdo. Su propina, quince centavos esta vez, iría a su bolsillo derecho. Pero de pronto tropezó, estuvo a punto de caerse, las monedas saltaron de sus manos y rodaron escaleras abajo con Jimmy corriendo detrás tratando de recuperarlas. Pronto, había recuperado cuarenta y cinco de los cincuenta centavos que llevaba. Le faltaba una moneda de cinco centavos, así es que se puso a buscarla hasta que la vio en uno de los tramos de la escalera. Suspiró aliviado. Pero cuando fue a recogerla, se dio cuenta de algo muy extraño. Lo que tenía en la mano era solo la mitad de cinco centavos.

El muchacho vio que era el reverso de la moneda con la imagen de la residencia de Jefferson, el Monticello. Curiosamente, la moneda tenía separados el anverso y el reverso. El anverso, con el perfil de Jefferson, estaba a la distancia de varios pasos de donde él se encontraba. Se le apreciaba el borde circular y adherido a este había un minúsculo microfilm.

En casa, el padre de Jimmy inspeccionó lo que su hijo había encontrado utilizando para ello una lámpara y una lupa, pero para él, lo que vio no tenía sentido. El microfilm estaba lleno con columnas de números, cada una con ocho a diez dígitos.

El padre de una compañerita de Jimmy en la escuela era detective que trabajaba en el Departamento de Policía de la Ciudad de Nueva York. Jimmy fue a la casa de ella, le contó lo que había encontrado y le mostró la moneda. Pero el padre de la niña no estaba en casa, así que Jimmy se guardó la moneda en el bolsillo y se fue a jugar al béisbol en la calle con algunos amigos.

Menos de una hora después, el detective regresó a casa y su hija le puso al tanto de la fantástica historia sobre su amigo Jimmy y la moneda de cinco centavos. Sin demorar un segundo, el detective alertó a su jefe y, en pocos minutos él y otros oficiales salieron en busca de Jimmy Bozart, el muchachito de trece años de edad y… su moneda de cinco centavos.

Pensando que quizás el chico le había dado la moneda a su madre (quien había estado recién en la iglesia), la policía confiscó el dinero del bingo. Pensando que Jimmy pudo haber comprado un helado con esa moneda, detuvieron el camión de los helados y se hicieron cargo de todo el dinero de las ventas. Por fin, encontraron al muchachito jugando al béisbol en la calle. «¿Eres tú Jimmy Bozart?», le preguntaron, y cuando dijo que sí era Jimmy Bozart, ansiosos prácticamente le gritaron: «¿Qué hiciste con la moneda de cinco centavos?».

Asustado, Jimmy metió la mano en el bolsillo, extrajo la moneda y se la dio a los policías. No volvió a oír del asunto en más de cuatro años.

En el otoño de 1957, Jimmy llegó a casa de la universidad y se encontró con unos periodistas que lo estaban esperando en la sala de su casa. Un espía soviético acababa de ser arrestado e identificado como el coronel Rudolf Abel. La moneda hueca de Jimmy contenía un mensaje codificado que fue identificado y leído por un desertor soviético que trabajaba para los estadounidenses. El mensaje condujo a las autoridades a Abel.

Fue el más pequeño de los errores, pero varios años antes, el brillante espía había gastado equivocadamente la moneda desencadenando una serie de acontecimientos que llevarían a su captura.

La moneda también cambió la vida de Jimmy. Cuando testificó en el juicio contra Abel, la historia del vendedor de periódicos y la moneda de cinco centavos separada por la mitad hipnotizó al público. Un hombre rico —ciudadano privado— le regaló un automóvil Oldsmobile nuevo como una expresión de agradecimiento. Un año más tarde, un amigo le dijo que en Canadá se habían encontrado grandes depósitos de sulfuro. Jimmy entonces vendió el Oldsmobile e invirtió el dinero en una compañía llamada *Texas Gulf Sulphur*. Las acciones se dispararon, y a los dieciocho años, la situación financiera de Jimmy cambió dramáticamente.

Con los años, Jimmy se convirtió en un fabricante de equipos electrónicos y compró varias compañías de máquinas expendedoras. Fue dueño de discotecas y clubes nocturnos en la ciudad de Nueva York, de un elegante restaurante en los Hamptons, y hoteles, centros turísticos y restaurantes en Florida.

La moneda de cinco centavos sigue siendo propiedad del FBI. De vez en cuando se la exhibe para que el público la vea y, a primera vista, luce tan sencilla como cualquiera otra moneda. Una inspección más acuciosa, sin embargo, revela la juntura que señala las dos mitades.

Es la versión más pequeña de sí misma que da fe de su poder e historia.

Es solo la mitad de una moneda de cinco centavos. Pero envió a un hombre a la cárcel e hizo a otro rico más allá de sus sueños más inalcanzables.

Una cosa pequeña…
como un cambio

> *Todos queremos que las cosas mejoren.*
> *Nadie quiere que las cosas cambien.*

DURANTE AÑOS, ANTES DE HABLAR A UN GRUPO, HACÍA a uno de los líderes del grupo una simple pregunta: ¿Cuál es el reto más importante al que se enfrenta su gente?

Abrumadoramente, las respuestas que recibía giraban en torno al concepto de cambio. Aunque las respuestas eran las mismas, sus preocupaciones tomaban muchas formas:

- «Estamos tratando con cambios en varias áreas».
- «Estamos a punto de iniciar algunos cambios».
- «Estamos intentando un cambio importante».
- «Hay que cambiar varias situaciones para que podamos seguir adelante».
- «Acabamos de salir de un período de cambios muy incómodos».
- «Las nuevas regulaciones nos están obligando a considerar algunos cambios».
- «Las cosas no son como solían ser».
- «La resistencia al cambio en algunas áreas ha traído confusión entre el personal».

- «No tenemos [del liderazgo, del sector, de los clientes u otros] el apoyo necesario para implementar con éxito estos cambios».
- «Algo tiene que cambiar».

(Había muchas más variaciones sobre el tema, pero estoy seguro que, con estos ejemplos, usted ha captado la idea).

Después de informarme sobre su desafío y sus detalles, era frecuente que el líder me pidiera que en mi charla me refiriera específicamente al tema de los cambios. ¡Y muchos de ellos hasta me sugerían qué decir!

Una y otra vez me pedían que dijera a los grupos que (1) todo cambia, (2) puesto que usted no puede hacer nada con respecto al cambio, debería aceptarlo y acostumbrarse a él, y (3) todos deberían leer [poner el título del último libro leído por el líder]. A menudo me decían que dijera que éste era el libro más grande jamás escrito sobre el cambio.

Durante un tiempo, me las arreglé para armar una versión de lo que los líderes me pedían qué dijera. Y cuando llegaba el momento de exponer los contenidos acerca del cambio, lo hacía. Sin embargo, no mucho más tarde me empecé a inquietar por las palabras que salían de mi boca. No porque eran palabras de otra persona —ciertamente las palabras de todos ellos—, sino porque lo que estaba diciendo parecía sospechosamente incorrecto.

Un día, de pronto tuve un extraño pensamiento: *Estas cosas que me piden que diga no pueden ser la verdadera solución al desafío que estas personas están experimentando. Ya han oído antes lo que les voy a decir. Sus líderes ya han proclamado estas «verdades». Y ahora me están instando a que diga lo mismo. Si estas fueran la solución, el problema se habría resuelto hace mucho tiempo.*

Pero el problema no estaba resuelto. Mi trabajo ofrecía la oportunidad para extensos análisis con los líderes de muchas corporaciones, organizaciones, equipos e instituciones. Cada conversación me llevaba a la convicción de que el tema del cambio era debilitante y tan confuso como nunca antes.

Por un momento, me gustaría que se saliera de nuestra extensa plática y tenga una consulta tranquila con usted mismo. ¿Alguna vez ha tenido que soportar la persistente sospecha de que los resultados que obtiene deberían de ser mejores? ¿Alguna vez se ha detenido a examinar lo que carecen sus esfuerzos?

Lo más probable es que no llegue a encontrar nada obviamente incorrecto. Entonces, ¿cuál sería su conclusión en este caso? ¿Pensaría, simplemente, que para aumentar la productividad o tener ese progreso que ha venido buscando tendría que trabajar con más ahinco? ¿O más rápido? ¿O dedicar más tiempo?

Si ese es su dilema, déjeme decirle que no está solo. De hecho, la gran mayoría de las personas ambiciosas —incluyendo a su servidor— han tenido las mismas dudas, han experimentado la misma búsqueda y han llegado a las mismas conclusiones. Desafortunadamente, ninguna de esas conclusiones resultó ser la respuesta.

Tal vez, en algún momento, como muchos de nosotros, suspiró y se resignó a sentirse satisfecho con los resultados que siempre obtuvo. *Después de todo*, racionalizó, *mis resultados son bastante buenos. Mis resultados son mejores que los de mis competidores.*

O tal vez, como muchos otros, se desilusionó con sus conclusiones y renunció definitivamente al esfuerzo.

De cualquier manera, su vida continuó. El sol salió y se ocultó. Pasaron semanas. Quizás meses. O años.

Hasta que un día ocurrió lo impensable. Descubrió que algo que había creído acerca de su trabajo o su vida no era cierto. Le habían mentido o mal informado. Tal vez simplemente no había entendido bien. Pero, sin embargo, sucedió, había una importante pieza del rompecabezas que usted no había descubierto. Debido a que no era consciente de su existencia, no podía usarla como factor en una parte importante de la ecuación, una pieza que era determinante para todo el proceso.

En ese momento usted se dio cuenta de una realidad escalofriante: Que pudo haber trabajado para siempre y nunca lograr el resultado que había estado anhelando... PORQUE LO QUE CREÍA, QUE ERA VERDAD, NO LO ERA.

Aquí hay otro ejemplo. Supongamos que nos reunimos en un auditorio para presenciar a un gran físico resolver uno de los problemas más complicados jamás planteados en la historia de las matemáticas. A medida que pasan las horas la ecuación se expande, extendiéndose desde un extremo al otro de un pizarrón gigante. Nosotros contenemos la respiración, impresionados por el talento y la mente brillante del científico. Estaba, sabíamos, a punto de resolver el problema ante nuestros ojos.

Pero ¿y si el físico hubiera permitido que uno de sus estudiantes escribiera en el pizarrón los primeros pasos de la ecuación antes de la presentación? ¿Y si, con el fin de ahorrar tiempo al público, las partes más simples ya hubiesen sido resueltas, permitiendo al científico trabajar desde un punto más avanzado en esa ecuación?

Ahora imaginemos por un momento que el estudiante —volviendo al principio— hubiese reemplazado una x por una y. Un simple error, pero la frustración que habría experimentado el físico habría sido inmensa. Porque no obstante su cociente intelectual y su experiencia, habría sido incapaz de resolver con éxito el problema.

De hecho, el hombre podría estar trabajando hasta el fin de los tiempos, y no cambiaría el resultado. El problema *nunca* podría ser correctamente resuelto… porque el físico habría partido de algo que no era cierto.

El concepto de cambio no parece tan complicado como una ecuación matemática, ¿verdad? Si *no es* complicado, ¿por qué uniformemente nos confunde tanto el cambio? ¿Por qué nos crea momentos tan difíciles?

En un sentido, el cambio es una realidad constante y exhaustiva. El cambio es una parte de todo lo que hacemos, todos los días de nuestras vidas.

Piénselo de este modo. Usted creció. Las cosas cambiaron. Se enamoró. Las cosas cambiaron. Se casó. Las cosas *sí que* cambiaron. ¿Tuvo problemas en su matrimonio? Obviamente, las cosas cambiaron. ¿Quiso volver a empezar? Por supuesto, pero algunas cosas tenían que cambiar. Y así sucesivamente.

En idiomas y dialectos de todo el mundo, no hay un término o expresión utilizada para designar otra realidad fundamental que afecte a tantas partes de nuestras vidas. No hay una sola palabra en el planeta que describa mejor el *poder* del CAMBIO.

Pero si el cambio es una parte tan familiar de nuestras vidas, ¿por qué nos confunde tanto y nos sentimos trastornados por él? ¿Por qué nos crea momentos tan difíciles?

En pocas palabras, tiene que ver con *lo que creemos* sobre el cambio. Curiosamente, al respecto, hay tres cosas.

Estas tres creencias básicas se han enseñado y mencionado tantas veces y durante tanto tiempo que —sin discusión— se las ha aceptado como un hecho y han llegado a formar parte de nuestra conciencia social, influyendo la economía, nuestro gobierno, nuestro trabajo y nuestras relaciones.

Estas tres cosas que creemos sobre los cambios están tan arraigadas en nuestras vidas diarias que juegan un papel importante en cada decisión que tenemos que tomar.

Durante décadas y en forma gradual hemos convertido estas tres creencias en elementos fundamentales. Las tratamos como principios, usándolas para determinar cómo liderar, qué esperamos y cuándo lo que esperamos podría ocurrir. Estas creencias dictan precisamente lo que la sociedad acepta como posible o imposible en cuanto al comportamiento humano.

Dado todos los libros que se han escrito y los discursos que se han pronunciado, todos los cursos que se han impartido y nuestra casi aceptación universal de estas creencias como hechos irrefutables, ¿se imagina la frustración que experimentaríamos si se demostrara que solo una de estas tres creencias estuviera desajustada o fuera incluso totalmente incorrecta?

Bueno, considerando los libros que se han escrito y los discursos que se han pronunciado, tomando en cuenta los cursos que se han enseñado y nuestra casi universal aceptación de estas creencias como hechos irrefutables, ¿cuáles son las probabilidades que las tres estén totalmente desenfocadas y sean absolutamente erróneas?

¿Imposible, diría usted? Siga leyendo.

MITO # 1: EL CAMBIO REQUIERE TIEMPO.

Hay muchas variaciones de esta fábula: «El cambio es un proceso». «El cambio es lento». Y así sucesivamente. Pero todos giran en torno de la idea errónea central de que se necesita tiempo para cambiar.

Permítanme ser franco: no, no es así.

El cambio ocurre en un suspiro. En el chasquido de un dedo. En el parpadeo de un ojo. Puede que *prepararse* para el cambio tome tiempo. Puede que *decidirse* a cambiar tome tiempo. Pero el verdadero cambio, cuando ocurre, ocurre de inmediato.

MITO # 2: UNA PERSONA DEBE QUERER CAMBIAR.

La mayoría de nosotros hemos creído esto durante años. Parece algo tan racional que nunca cuestionamos su veracidad. De hecho, llevamos esa convicción aún más lejos y afirmamos que, muchas veces, se requiere de un deseo profundo para un cambio verdadero y duradero.

Un breve examen de los acontecimientos en nuestras propias vidas, sin embargo, rápidamente nos convencerá de que esto no es ni remotamente cierto. De hecho, usted y yo podríamos pasar cinco minutos juntos y echar mano a cualquier cantidad de historias personales para ilustrar las muchas veces que hemos hecho cambios duraderos sin ningún deseo previo de hacerlos.

Piense en las ocasiones en su vida cuando todo se fue moviendo en una dirección particular. Sus relaciones y su carrera parecían estables y siguiendo su curso habitual. En un momento, sin embargo, usted adquirió nueva información. Esa nueva información pudo haber sido oportuna o pudo haber sido trágica. Pero en ese preciso momento, usted cambió, se movió en una dirección diferente, y nunca miró atrás.

En ese caso usted no «quería» ni tenía un deseo profundo de cambiar. Hasta ese momento, ni siquiera sabía que la posibilidad de un cambio se proyectaba en el horizonte. Sin embargo, se produjo un cambio verdadero y duradero. Y sucedió en un abrir y cerrar de ojos.

MITO # 3: UNA PERSONA NO CAMBIARÁ MIENTRAS NO TOQUE FONDO

¿Cuántas veces ha escuchado la expresión «tocar fondo»? Va más o menos así:

Bueno, puedes intentar ayudarlo de nuevo, si quieres, pero la realidad es que no va a cambiar hasta que toque fondo. Creíamos que ya había llegado allí. Quizás él pensaba lo mismo que nosotros, pero obviamente, no había llegado. Una persona no experimenta ese profundo deseo de cambiar mientras realmente no haya tocado fondo.

Lo siento, pero esto tampoco es verdad. Suena bien y es tan aceptada universalmente que se ha convertido, prácticamente, una frase cliché. Se puede verificar que es incorrecta.

Seguramente usted ha conocido a alguien que ha estado tantas veces entrando y saliendo de un centro de rehabilitación de drogas o alcohol que la familia finalmente dijo: «¡No más!», y se negó a financiar otra estancia en la clínica. Es posible que no haya visto a esa persona durante años hasta que, un día, se encuentra con ella por accidente. Para su asombro, parece feliz, sana y próspera. En respuesta a sus felicitaciones y preguntas, le cuenta cómo, después de años de lucha, conoció a una persona y tuvo una conversación, leyó un artículo en una revista, vio un programa de televisión o fue a una iglesia. «Ese mismo día», le dice, «me fui a casa y vacié todo por el fregadero y no lo he deseado desde entonces».

O tal vez conoce a alguien que fue un fumador empedernido durante décadas, nunca capaz de dejar de fumar hasta que, un día, cuenta: «Hace varios meses, tuve una conversación con un compañero de trabajo. Esa tarde llegué a casa y me deshice de todos mis cigarrillos. Desde ese día no he vuelto a fumar».

Entonces, ¿qué está pasando? ¿Qué planetas se han alineado para que una persona lejos de alcanzar su límite y sin un deseo profundo de cambiar, cambie drásticamente en un instante? ¿Qué piezas deben colocarse en ese rompecabezas desconocido para que ese cambio sea real y duradero?

Hay solo dos.

Antes de que diga cuáles son las dos piezas del rompecabezas que deben estar en su lugar para que se produzca un cambio como los de los ejemplos citados, permítame confesar que he estado probando silenciosamente esta afirmación por varios años. Durante los últimos dieciocho meses, empecé a enseñarlas desde el estrado. Al explicar a la audiencia el poder (aparentemente) infalible para cambiar que estas dos piezas proveen, también emití una declaración, seguida de un desafío. Esta es la declaración:

> Durante los últimos años, he examinado intensamente dos elementos concretos que parecen estar siempre en su lugar cuando ocurre un cambio verdadero. Soy consciente de que *siempre* es una palabra fuerte. Sin embargo, después de estudiar a individuos, grupos pequeños, organizaciones, corporaciones y equipos deportivos a nivel local, regional y nacional, no he podido encontrar un solo ejemplo de verdadero cambio en el que estos dos componentes no estén presentes.

Y este es el desafío, dado a audiencias de ejecutivos de corporaciones, padres, entrenadores, ministros, parejas casadas, políticos, personal de ventas y estudiantes:

> Si puede encontrar solo un ejemplo de cambio verdadero y duradero que no contenga estas dos cosas, me encantaría escucharlo.

Al momento de escribir esto, nadie (ni siquiera yo) ha encontrado un solo ejemplo. Evidentemente, la combinación de estos dos ingredientes para que se produzca un cambio verdadero es sin excepción, por lo que su record continúa.

INGREDIENTE DE CAMBIO # 1: ¿QUÉ GANO YO CON ESO?

Este componente no es una expresión de codicia o egoísmo. Es solo una consecuencia del deseo normal de autopreservación que existe en cada ser humano. Sea que se exprese en voz alta o no, cuando a alguien se le pide (animándole, pinchándole, ordenándole) que cambie, este es el proceso de pensamiento que se activa:

> Bueno, lo he estado haciendo de esta manera, y sé que quieres que lo haga de esa otra manera, pero si lo hago de esa otra manera, ¿cómo me va a afectar?

Y si vamos a ser realmente honestos acerca de nuestras reflexiones íntimas, tendríamos que admitir que algunas veces seguimos reaccionando de esta manera:

> Muy a menudo pienso en eso. No puedo evitarlo. No hablo de ello porque sé cómo suena, pero está frecuentemente en mi pensamiento.
>
> Amo a mi familia más de lo que me amo a mí mismo, y tengo que ganarme la vida para ellos; debo pensarlo porque yo soy el único que trabaja en casa. Tengo que planificar y prepararme, y ¿cómo podría hacerlo sin pensar en mí?
>
> Los asistentes de vuelo me dicen que me coloque la máscara de oxígeno yo primero antes de ayudar a los demás, aun a los niños pequeños. ¿No significa eso que primero debo pensar en mí?

Resulta difícil admitir esta clase de pensamientos. Usted y yo valoramos la humildad tanto que sacar a la luz pública estos pensamientos del subconsciente es un proceso que puede ser alarmante. Pero ayuda a entender que pensar en «mí» incluye a los que amamos y a la gente o cosas de las cuales somos responsables. Así que «¿Qué gano yo con esto?» también significa «¿Qué gana con esto mi empresa, mi familia, mi equipo de fútbol, mis vecinos y mi nación?».

En este contexto, no hay nada malo con pensar en uno mismo. Y la verdad es que no podría haber un cambio verdadero y duradero en cualquier aspecto si no se tiene en cuenta este elemento.

Un ejemplo fácil que muchos de nosotros hemos experimentado en una manera u otra es cuando un padre trata de cambiar el comportamiento de un adolescente.

Primero, es importante que el padre identifique qué tipo de cambio desea que experimente su hijo. Si el padre solo busca un cambio temporal, entonces los castigos y las amenazas bien pueden ser la estratagema. Si quiere que sus adolescentes no hablen de cierta manera o usen un determinado tipo de ropa y lo respeten mientras están en su casa, usted puede hacer que eso suceda. Admito que esto es una lucha constante, pero es relativamente fácil de lograr. Mientras que estén en su casa, probablemente usted pueda conseguir que hagan lo que usted quiera. Después de todo, usted es más grande de lo que son ellos y el dinero lo tiene usted.

Pero si usted está buscando un cambio real y duradero, es probable que no lo consiga exigiendo respeto o profiriendo amenazas o con peroratas que comienzan con «mientras vivas en mi casa». Si es un cambio real y duradero lo que procura el padre, deberá recordar que el adolescente no va a vivir siempre en su casa.

Reflexione sobre la frase «No te permito que me hables de esa manera», o «Soy tu padre y debes respetarme». Ambos ejemplos serían aplicables a corto plazo, pero si es un cambio real y duradero lo que procura el padre, debemos notar que ninguna declaración tiene «algo en sí misma» para el adolescente.

Entonces, usted pregunta, si un padre desea que su hijo adolescente le hable respetuosamente o vista de una cierta manera, ¿qué podría hacer por él? Prometo responder plenamente a esa pregunta después de revelar la otra mitad del rompecabezas.

INGREDIENTE DE CAMBIO # 2: PRUEBA MÁS ALLÁ DE UNA DUDA RAZONABLE

La prueba es un componente esencial de cambio por la sencilla razón que, para una persona que piensa, cualquiera cosa que pruebe ser verdad es inexpugnable. Si usted cree una cosa y lo opuesto está demostrando ser verdad, usted cambia inmediatamente de creencia. Para siempre.

¿Se siente tentado a volver a lo que creía antes? ¿Está indeciso entre ir adelante o retroceder? ¡Por supuesto que no! Le dieron una prueba, no una opinión. No le dieron varias opciones correctas de entre las cuales elegir. Prueba. Y esa prueba cementó lo que ahora se conoce como un hecho. También mostró en términos inequívocos que lo que usted previamente creía era incorrecto.

La prueba derrota a la incertidumbre. La prueba lidera. Podríamos cuestionar los motivos. A menudo cuestionamos las conclusiones. Cuestionamos métodos y tiempos. Pero no cuestionamos la prueba.

A medida que nos enfrentamos a grandes cambios y evaluamos una nueva dirección, a menudo nos parece que la jornada es enteramente cuesta arriba. Sin prueba, a menudo nos sentimos derrotados antes de comenzar porque la duda puede ser un enemigo abrumador. Solo la prueba se erige como un caballero de brillante armadura montado en un semental blanco en la cumbre de la ladera. Y desde allí nos llama para que subamos. Y mientras avanzamos hacia la cumbre en medio de dudas y miedos, no tenemos que vérnosla con la incertidumbre acerca de nuestra misión o ansiedad por el curso que llevamos. Porque allí, justo delante de nosotros, está la prueba.

Es importante señalar que esta prueba que se requiere como un elemento de cambio no tiene que cumplir con los rigores de una prueba matemática. Recuerde, esta es una prueba *que va* más allá de una *duda razonable*. O una evidencia suficientemente fuerte como para convencer.

Cuando se ofrece y es aceptada una prueba más allá de una duda razonable, a veces toma a una persona por sorpresa. Levanta las cejas y afloja las mandíbulas. Cuando se ve confrontada por una prueba que va más allá de una duda razonable, la gente piensa o incluso dice en voz alta cosas como estas:

- «Bueno, eso tiene sentido».
- «Nunca pensé en eso».

- «No puedo creer que nunca se me haya ocurrido, pero es verdad».
- «Cielos, nunca volveré a pensar en esto de otra manera».
- «Voy a tener que reconsiderar algunas otras cosas».

Continuemos con el ejemplo de cambiar el comportamiento de un adolescente de una manera real y duradera. Piense por un momento en un adolescente que reacciona a la autoridad de su padre revolviendo los ojos, suspirando en voz alta y diciendo: «¡Lo sé, lo sé, lo sé!». Como vimos antes, el padre podría exigir respeto, gritar y amenazar, pero ninguna de esas opciones será efectiva a largo plazo porque nada de eso ofrece algo al joven.

De la misma manera, tampoco hay un ápice de prueba en estas respuestas, a menos que se cuente la certeza de que habrá problemas y enfrentamientos «mientras vivas en mi casa». Allí no hay nada que convenza al adolescente para que tome una decisión diferente, nada que muestre por qué un enfoque diferente sería mejor. No hay prueba, solo una lucha de poder, que el adolescente sabe que el padre ganará. ¿Se habrá profundizado la relación? ¿Habrá un nuevo respeto del adolescente solo porque el padre lo exigió? ¿O habrá aumentado la determinación del joven de simplemente aguantar hasta que esté en condiciones de dejar la casa de sus padres? La cuestión fundamental es esta: Aun si el adolescente deja de revolver los ojos en presencia del padre, ¿se habrá producido un cambio real y verdadero?

Considere lo siguiente: una explicación real, después de un incidente como el que acabamos de describir, ofrecida por un padre a su hijo de catorce años de edad:

¿Sabes hijo? Puedo entender que estés cansado de escucharme. A veces yo mismo me canso de oírme a mí mismo. Así es que dame tres minutos, y ya no hablaré más… por ahora.

Bien, aquí vamos. Estaba pensando en nuestra conversación de la semana pasada sobre el auto que te quieres comprar cuando cumplas dieciséis años y las cosas que te gustaría hacer. Incluso me dijiste cómo querías que fuera tu vida cuando llegaras a los veinticinco años. Me quedé impresionado. Quiero que seas capaz de lograr todo lo que me dijiste. Quisiera ayudarte a que lo logres. A veces pienso que yo quiero que tengas esa vida impresionante casi más de lo que tú mismo la quieres. Pero, obviamente, yo no puedo crear esa vida para ti. También sé que no puedo forzarte a hacer las cosas que te llevarán allí.

Supongo que yo podría obligarte a vestir y a expresarte de cierta manera por un tiempo. ¡Después de todo, ahora mismo, yo soy más grande que tú y tengo todo el dinero! Pero al menos soy lo suficientemente inteligente como para saber que cuando estés lejos de mí y tengas la edad suficiente para irte, harás, de todos modos, lo que quieras hacer.

Así que, aunque quiero lo mejor para ti, no puedo hacer que eso suceda. Tú tienes que hacerlo. Pero sigo pensando: *Amo a este muchacho... ¿Cómo podría ayudarlo?* Todas las cosas con las que te he molestado en el pasado: cómo actúas, lo que dices y cómo lo dices y cómo vistes son cosas que me molestaron a corto plazo, pero lo que realmente quiero es ser capaz de explicarte *por qué* tu mamá y yo tratamos de guiarte en cierta dirección.

Es posible que hayas pensado que nosotros queríamos que te comportaras de cierta forma de acuerdo con nuestras expectativas. Y que esas cosas realmente no importan a largo plazo porque tus expectativas son distintas de las nuestras. De nuevo, me considero lo suficientemente inteligente como para saber que, de todos modos, te guiarás por tus propios deseos. Así que nada de eso tiene que ver con nuestros sentimientos o nuestro control o autoridad o algo parecido. *Todo* tiene que ver contigo. Tiene que ver con ayudarte a vivir exactamente la vida que quieres vivir. Quiero que logres todo lo que deseas.

Esto es lo que quiero decir. Obviamente, no creo que debas revolver los ojos y decir «lo sé, lo sé, lo sé» a tu mamá, a mí o a cualquier otro adulto. Pero aquí está el POR QUÉ: Se ve y suena increíblemente irrespetuoso. Y tú no eres una persona irrespetuosa. Por lo tanto, no creo que quieras que otros adultos te oigan o vean actuando de esa manera. Después de verte u oírte hacer eso a ti o a cualquiera otra persona, ellos van a llegar a la conclusión que eres una persona irrespetuosa.

Y porque creen que eres una persona irrespetuosa, no te van a contratar. Ni ellos ni ninguno de sus conocidos. Porque creen que eres una persona irrespetuosa, no te van a dar la oportunidad. Y suma y sigue. Los clientes potenciales ni siquiera te considerarán a ti o a tu negocio. No vas a conseguir la carta de recomendación que necesitas. No te van a invitar, no te van a permitir que salgas con sus hijas, no te van a elegir para… [inhalación profunda] ¡Uf! Podríamos seguir, seguir y seguir.

En cualquier caso, hay mil cosas que las personas a las que se las percibe como irrespetuosas nunca serán o llegarán a ser. Y la peor parte es que ni siquiera se dan cuenta por qué no fueron elegidas o incluidas.

De acuerdo, ya termino. No tienes que responder ahora mismo a nada de esto. O nunca. Solo piensa en lo que realmente quieres de la vida, ahora o como adulto. Tal vez esto te ayude.

Aproximadamente una hora después de la explicación del padre, él y su esposa (la madre del joven) recibieron una sincera disculpa del adolescente. Además, una sentida expresión de pesar con un espíritu de gratitud. El joven les comunicó su agradecimiento por la paciencia que sus padres habían tenido. Les habló de su asombro por este nuevo nivel de comprensión que había experimentado y, a su papá, le agregó, «Gracias por haber pasado por alto mi idiotez».

Han pasado varios años desde aquel incidente. Según el padre y la madre del niño, nunca ha vuelto a producirse un incidente en el cual ese hijo haya actuado irrespetuosamente. Ni uno.

De alguna manera, a los catorce años, ese joven experimentó un cambio real y duradero. Ese cambio no «requirió tiempo». No fue algo que el adolescente haya anhelado. Él, la verdad es que no tenía ningún deseo profundo de cambiar. Y aunque hubo un momento de desarmonía familiar que llevó al padre a iniciar un cambio importante, no hay duda que ninguno de los protagonistas descritos en esta historia estuvieron ni cerca de «tocar fondo».

¿Entonces qué fue lo que pasó? En primer lugar, es importante señalar que el padre no estaba disparando en la oscuridad. Sabía que se debía producir un cambio de comportamiento y lo buscó con seguridad y convicción. Gracias a conversaciones anteriores con su hijo, estaba al tanto de las esperanzas, los sueños y los deseos del muchacho. Sabía la clase de automóvil que el muchacho se quería comprar cuando cumpliera los dieciséis años y para lo cual estaba trabajando y ahorrando dinero. Sabía dónde y de qué manera el muchacho quería vivir dentro de once años, cuando cumpliera los veinticinco.

Con esto en mente, fue tarea fácil para el padre demostrar la estrecha relación entre la concesión y la negación de oportunidades en la vida y el comportamiento de una persona. Al señalar la necesidad obvia de oportunidad si uno desea tener éxito, rápidamente cubrió el primer elemento necesario para el cambio.

En otras palabras, el padre le comunicó a su hijo el beneficio a obtener para que cambiara su comportamiento.

El segundo elemento necesario, la prueba de cambio más allá de una duda razonable, se cumplió ilustrando cómo las personas de influencia reaccionan ante las conductas irrespetuosas. Eso tuvo total sentido para el adolescente. Inmediatamente vio la verdad (la prueba) en la ilustración de su padre. Por un momento se imaginó a sí mismo como una persona de influencia en posición de ayudar a alguien con una oportunidad. ¿Se la daría a un adolescente amargado, impaciente, irrespetuoso? ¡No! Él sabía —no lo sospechaba— que su padre tenía razón.

En ese momento, entendió que su comportamiento chocaba con la prueba más allá de una duda razonable. Y el cambio que experimentó fue instantáneo y duradero.

Probablemente, el cambio sea siempre un reto en su vida. Es característica de la naturaleza humana resistirse a él. Pero si usted entiende los mitos y los elementos del cambio, podrá reaccionar a él con confianza, creatividad e incluso con alegría. Puede ayudar a otros a responder positivamente también. El cambio puede comenzar cuando lo decida y en el horario que determine. El cambio se puede manejar con precisión. El cambio se puede dirigir.

Digamos que un comprador de una empresa adquiere siempre ciertos artículos de un determinado proveedor, y usted desea que se los compre a usted. En otras palabras, necesita que el comprador de la empresa cambie. Así que organiza una reunión y se prepara para exponer su caso. Hay varias direcciones en las que tal conversación pueden ir. Pero si usted puede demostrar a ese comprador lo que hay en ello para él (y su empresa) y si puede probar más allá de una duda razonable que esto es así, entonces la probabilidad de que el comprador cambie de proveedor es grande. Usted habrá sido el agente de ese cambio.

Si una ley de su vecindario debe cambiarse, todas las disputas del mundo no harán que cambie. Pero si puede demostrar el beneficio que hay en ese cambio para los vecinos e ilustra las pruebas más allá de toda duda razonable, la ley se cambiará.

De cualquier forma, con cualquier persona o grupo, los principios se mantienen. Cuando el beneficio que hay para ellos se alinea con la verdad y la realidad de la prueba, el cambio es el resultado inevitable.

El cambio es una cosa pequeña. Pero hasta donde las cosas pequeñas pueden llegar, no hay nada que tenga ramificaciones más grandes. El cambio no es nuestro enemigo. No debe confundirnos ni desconcertarnos. Correctamente entendido, el cambio puede ser un medio de paz y armonía.

«¿Cómo?», pregunta usted.

Bueno, si el cambio que usted inicia es responsable, realmente tendrá algo en él para la persona o grupo a los que usted les está pidiendo cambiar. Y si la prueba está realmente presente, sabiendo que esa prueba es verdad, no se precisarán mayores argumentos.

En lo que respecta a nuestras familias, a nuestros negocios y a la sociedad como un todo, si usted y yo podemos aprender a iniciar cambios que estén basados en valores y la verdad, veremos que todo cambia.

Así es como usted y yo podemos cambiar el mundo.

Una cosa pequeña...
como lo mejor

> *Lo bueno será siempre enemigo de lo mejor.*

SI USTED PUDIERA ELEGIR, ¿QUÉ TIPO DE VIDA VIVIRÍA? ¿Dónde? ¿Cómo? ¿Con quién? ¿Qué haría para crear valor para otras personas? ¿A quién asesoraría? ¿Qué descubriría o aprendería? ¿Cómo cambiaría su conocimiento adquirido las cosas para el resto de nosotros? ¿Qué les dejaría a sus hijos y nietos? ¿Qué epitafio le gustaría que pusieran en su lápida cuando su vida haya culminado?

¿Alguna vez le ha hecho alguien preguntas como estas? Sí, por supuesto que se las ha hecho. En discursos, libros, sermones y aulas, la mayoría de nosotros hemos escuchado estas preguntas u otras como ellas. Muchos de nosotros incluso las respondimos. Desde ese momento, sin embargo, no volvimos a pensar en ellas.

Lea de nuevo la primera frase de este capítulo. ¿Ve la trampa? ¿Se da cuenta de por qué tantos de nosotros somos indiferentes a la pregunta e ignoramos completamente las respuestas, nuestras propias respuestas?

¿No? Mire de nuevo. Fíjese en las primeras cuatro palabras. Allí es donde está el peligro.

Todo parece tan inofensivo y divertido, un pequeño juego de «¿Qué pasaría si?» como lo jugábamos cuando éramos niños. Pero no somos niños, y la redacción no es inofensiva. Quizás ingenua, pero no inofensiva.

Digamos que es vil, engañoso y destructivo. ¿Por qué? Porque esas cuatro palabras y la forma en que se las ha planteado desde que usted era un niño le han informado astutamente una y otra vez que la vida misma es un juego de azar. Como a muchos de nosotros, a usted se le ha convencido disimuladamente, condicionado gradualmente, a creer que no puede hacer nada al respecto.

¿Lo ve ahora? Esas cuatro primeras palabras, *si usted pudiera elegir* las han utilizado ególatras y tiranos a lo largo de la historia para esclavizar mentalmente a poblaciones enteras. Eso es porque las palabras imponen una creencia que es más fuerte que grilletes y cadenas.

El principio es poco conocido, pero conmovedoramente cierto: Es imposible que una persona supere su reconocida capacidad.

O, dicho de otra manera, una persona no puede ir más allá de lo que realmente cree que es la verdad sobre sí mismo.

Dicho aun de otra manera, este principio establece que lo que una persona realmente cree es tan poderoso que su creencia llega a controlar su comportamiento.

De hecho, para predecir correctamente el nivel que una persona puede alcanzar, solo se necesita descubrir la verdad sobre lo que tal persona cree. (Nota: Este principio no tiene nada que ver con la veracidad de lo que una persona cree. Es simplemente acerca de la conexión entre los límites de esa persona y lo que de verdad cree profundamente en su corazón y en su mente).

Por cierto, esta es la razón por la cual muchas personas no alcanzan los objetivos. Después de pasar la emoción de las celebraciones del Año Nuevo o lo que haya sido que los forzó a fijarse metas, piensan que realmente no serán capaces de alcanzar lo que pusieron por escrito o eufóricamente anunciaron a sus amigos. Por lo tanto, no importa lo que se hayan propuesto como nuevos objetivos. Podrían escribir páginas y páginas o pegar palabras o frases escritas en papelitos de colores en las paredes de sus casas, sobre los espejos del baño y anotar propósitos en sus teléfonos. Porque si en su interior, de verdad no creen poder alcanzar esas metas, pueden estar seguros que no las lograrán.

¡ATENCIÓN CON EL SENDERO DIVERGENTE!
EL MISMO TEMA, DIFERENTE APLICACIÓN

Empalme con este sendero para consolidar su comprensión.

*O si prefiere, omita los siguientes veintinueve
párrafos y siga en el camino principal.*

Durante algunos años, he tenido el privilegio de ejercer un papel poco usual asesorando algunos miembros del personal de defensa de los Estados Unidos. He volado en varios F-16, B-1, B-2 Spirit, Pave Lows, Pave Hawks y C-130 modificados, ambos, el Spooky y el Spectre. Y sí, he disparado.

Dos veces completé exitosamente un curso de Operaciones Especiales de antiterrorismo. Más de dos veces me despertaron a medianoche generales de tres y cuatro estrellas pidiéndome que les ayudara en una interpretación o para entender una metodología para modificar comportamientos del personal en aras de un mejor rendimiento. Una vez incluso pasé el Día de Acción de Gracias en un hospital de campaña en el extranjero con algunos de nuestros soldados heridos. La relación que he ido disfrutando con el liderazgo y cierto personal de Tácticas Especiales dentro del Comando de Operaciones Especiales de los Estados Unidos y nuestros servicios de inteligencia ha sido particularmente gratificante. Y tremendamente interesante.

Por lo general, los hombres y mujeres en estas áreas de servicio son como usted y como yo. En términos generales, si hay una diferencia aparente, casi siempre es una diferencia de grado o intensidad.

Por ejemplo, usted y yo exhibimos un cierto nivel de autodisciplina. La mayoría de ellos —de nuevo, generalmente hablando— exhiben más que nosotros.

Usted y yo apreciamos la humildad. A menudo ellos practican la humildad al punto del silencio de por vida.

Usted y yo nos adherimos a una ética laboral fuerte. La ética laboral de ellos es tan fuera de serie que no podría ser categorizada por mortales como nosotros.

Usted y yo somos leales a nuestros amigos. Estos hombres y mujeres son leales no solo a sus amigos, sino también a los amigos de sus amigos, personas que ni siquiera conocen. A veces demuestran esa lealtad hasta el punto de dar sus propias vidas.

Aquí, sin embargo, es posible que esté quizás la mayor diferencia que he identificado: Usted y yo (supongo) estamos abiertos a nuevas ideas. Pero el personal de Tácticas Especiales lo está en un nivel enteramente diferente. Ellos, junto con los servicios de inteligencia, buscan fervientemente nuevas formas de pensar como un cazador de tesoros el oro del rey Salomón.

Oh, y parece que les gustan los deportes. Desde que he trabajado con una serie de entrenadores titulares, directores, directores generales y capitanes de equipos en varios deportes, tengo gran cantidad de historias que puedo compartir con clientes y amigos. Mi esposa diría que el número específico de historias en mi arsenal es «demasiadas». En cualquier caso, da gusto contarlas sobre todo porque la mayoría de ellas enseñan un punto u otro.

Una noche, en un lugar seguro y protegido, habíamos terminado el trabajo del día. Yo me encontraba con varios generales y sus asistentes. Cuando la cena hubo concluido, para relajarnos, empezamos a contar historias. En poco tiempo, las historias comenzaron a girar en torno al tema de liderar a la gente y ayudar a individuos o a equipos a ir más allá de sus habilidades.

Durante el transcurso de la noche, yo conté varias experiencias que había tenido con algunos equipos de fútbol universitario, una con un equipo de la liga profesional de béisbol y algunas con jugadores profesionales de golf. Cada historia giraba en torno al aspecto mental del desempeño, y pronto nuestra conversación se volvió hacia el tema de la creencia.

Mientras hablábamos, alguien comentó que la creencia es una fuerza tan poderosa que bien podría convertirse en un arma. Tan pronto se declaró esa palabra, a las ocho o diez personas que nos encontrábamos en el cuarto se nos activaron las alarmas y comenzamos a explorar la posibilidad.

Les conté la historia de Lewis y Clark y lo que habían logrado con el rifle de aire comprimido de Girandoni (véase el capítulo 10). Y etiqueté la táctica de Lewis como una «imposición de la creencia» con la que influyó deliberadamente en la creencia que los indios tenían sobre el rifle. Luego, durante más de una hora, exploramos, modelamos y comenzamos a describir, hipotéticamente, cómo podría funcionar esta «arma».

Estos profesionales eran muy conscientes de que ante nosotros teníamos una oportunidad. Cuando la vida y la muerte literalmente se balancean entre la certidumbre y la duda, aun la más pequeña ventaja táctica puede inclinar la balanza. Tal ventaja puede estar a la par con el nuevo armamento o la nueva tecnología cuando se trata de disminución de víctimas y aumento del nivel de seguridad y confianza para los equipos de inteligencia secretos o de operaciones especiales en tierra.

Durante la discusión que se desarrolló en esa habitación, todo el mundo estaba tenso y alerta sintiendo que ante nosotros teníamos una oportunidad, oportunidad que nos inspiraba para aproximarnos y traspasar los límites establecidos de lo que ya creíamos saber que era verdad.

En un momento hablé lentamente, pensando en la posibilidad de utilizar la imposición de creencias como una estrategia de lucha. «Bueno», dije, «lo que la gente cree determina su comportamiento, ¿verdad? Esto es un hecho. Pero pensemos esto: lo que la gente cree determinará su comportamiento, *sea o no verdad lo que ellos creen*».

Hice una pausa antes de continuar mientras acomodábamos mentalmente ese pensamiento extraño pero preciso en su lugar. «Así que si queremos que un enemigo actúe de forma diferente, quizás de una forma que su mente racional nunca antes había permitido, es el sistema de creencias del enemigo lo que debemos atacar.

»Piense en ello de esta manera: Si queremos que el enemigo haga algo que nos convenga a nosotros, como desplazarse hacia otro lugar, o actuar de una forma determinada, tenemos que hacerlo creer algo que nunca había considerado antes. O debemos convencerlo de que algo que siempre ha sabido como un hecho, ya ha perdido su valor como tal. Si podemos encontrar una manera de cambiar lo que el enemigo conoce ser verdad e imponerle una creencia específica, será relativamente simple influir en su comportamiento y dirigir sus acciones».

En aquel entonces había una preocupación en estos círculos acerca de la vulnerabilidad de una pieza específica de la armadura. Recordándoles esa cuestión, les dije: «Ustedes ya han visto evidencias de que el enemigo sabe dónde atacar, a ese lugar vulnerable en particular, ¿verdad?». Ellos asintieron de mala gana. «Bueno, piensen esto», continué. «Si de alguna manera el enemigo se convence de que Luke Skywalker o el Capitán Kirk habían equipado a nuestros equipos con escudos invisibles e impenetrables que cubrían esa parte de sus cuerpos, entonces...». Levanté mis cejas.

«¡Si un enemigo lo creyera absolutamente cierto, ni siquiera atentaría disparar a nuestros soldados en esa parte vulnerable. ¡Las conclusiones que les habríamos convencido alcanzar no serían ciertas, pero aun así determinarían su comportamiento!». Todos rieron pensativamente, y por unos cuantos minutos dimos vueltas en torno a algunas creencias que en realidad podrían imponerse para guiar y, a su vez, predecir la conducta del enemigo.

Quizás le interese saber que he expuesto el concepto de imposición de creencias en varios ambientes deportivos, tanto universitarios como profesionales. Los resultados han sido exactamente como usted podría imaginar. El campo de juego como la cancha de tenis o el campo de golf son tan susceptibles a esta táctica como cualquier otro escenario en la vida. En casi cualquier clase de esfuerzo, la creencia absoluta controla el comportamiento absolutamente. De hecho, hay tantas variaciones sobre este tema que podría escribirse un libro entero enumerando ejemplos exitosos. Así, sin admitir nada ni mencionar nombres, permítanme ilustrar una manera en que la imposición de creencias puede ponerse en acción.

Si usted ha asistido a un partido de fútbol americano seguramente ya entiende por qué a los aficionados del equipo local se les anima a «hacer ruido» cuando el equipo visitante está en el campo. Especialmente en *third downs* (terceras oportunidades). El *quarterback* (mariscal de campo) llama a una cuenta audible que sus jugadores delanteros deben escuchar. Si no pueden oírlo, o si no están seguros de que la voz que están oyendo es la de su líder —ambas situaciones pueden darse fácilmente cuando el alboroto de los aficionados alcanza niveles muy altos— pueden cometer errores tácticos. Y esos errores conducen a costosas penalizaciones o a perder bloqueos.

En la mayoría de los estadios los aficionados toman muy en serio su responsabilidad de interrumpir la comunicación del equipo contrario con tanto ruido como el que puedan hacer durante los momentos críticos del juego. En eso, algunos destacan sobre otros. Se dice que los fanáticos de los Seattle Seahawks han hecho de este estruendo un arte. Para alentar a su equipo, gritan lo más alto que pueden y acompañan esos gritos con un zapateo incesante. Además, usan sus manos para manipular cualquier dispositivo que puedan encontrar y que haga ruido. Se ha logrado establecer que sus ruidos alcanzan hasta los 130 decibelios. Y en caso de que a usted le interese el dato, 130 decibelios según un análisis comparativo publicado por el Comité Federal Interinstitucional sobre el Ruido equivalen a estar a unos 16 metros de la cola de un F/A-18 Hornet cuando despega de un portaviones.

Mientras que a los equipos solo se les permite once jugadores en el campo a la vez, los entusiastas partidarios de Seattle se han convertido en el tan efectivo «duodécimo jugador» tanto que, en 1984, la gerencia de los Seahawks, retiró, en su honor, la camiseta número 12. No obstante, el ruido que hacen estos fanáticos sigue teniendo un efecto tremendo sobre los equipos contrarios. Sin ir más lejos, el 27 de noviembre de 2005, en un partido con Seattle, los New York Giants cometieron once faltas por salidas falsas y perdieron tres goles de campo lo que supuso su derrota, todo por causa de los gritos de los aficionados de los Seahawks. Al día siguiente, su entrenador, Mike Holmgren, dedicaba el balón del juego a los aficionados: el duodécimo hombre de los Seahawks.

Vamos a suponer por un momento que usted y yo queremos ayudar a un entrenador a mitigar el ruido en un estadio del equipo de casa, famoso por eso. Faltando una semana completa para el juego le podríamos sugerir algo para que el entrenador diga esporádicamente en sus conferencias de prensa y entrevistas en los periódicos, en su programa semanal de radio y en su programa semanal de televisión. Esto sería, más o menos, lo que le sugeriríamos que haga. Cada vez que se aborde el tema del ruido hostil de los aficionados, el entrenador se referirá a la nueva tecnología creada por su equipo o un nuevo sistema de comunicación que acaban de adoptar. Por supuesto, lo hará con cautela, planteando el tema del ruido en los estadios solo cuando se le pregunte. Y porque los aficionados del equipo de casa son famosos por el ruido que hacen durante el partido, sin duda se lo preguntarán.

En algún momento el entrenador podría sonreír misteriosamente y decir: «Bueno, pueden gritar hasta perder la cabeza si quieren, pero eso no es algo que nos preocupe». Entonces, soltando una risita maliciosa, agregará: «Quizás no debería decir nada *ahora* porque para nosotros es un poco gracioso, pero eso lo tenemos cubierto. El ruido ya no es más un tema que nos preocupe en las reuniones que hemos tenido con el equipo; ya no es un factor a considerar».

Después de esas declaraciones el entrevistador naturalmente comenzará a pedir detalles. Y al entrenador se le habrá instruido para que se ría con el mejor humor, y diga: «Nooo… probablemente he dicho más de la cuenta. ¡No quisiera hablar más de esto!».

A partir de ese momento, el rumor comenzará a filtrarse a través de los medios noticiosos y los programas de entrevistas, y para cuando llegue el momento del juego, un número importante de los fanáticos habrá concluido que cualquier ruido que puedan hacer ya no servirá a sus propósitos. Así que no lo harán. Y los decibelios en ese juego se reducirán en cuarenta puntos.

Recuerde, nada cambió, salvo lo que la gente creía que había cambiado. Debido a que creyeron que eran impotentes, no siguieron usando su poder. Y, entonces, el equipo contrario fue capaz de escuchar las instrucciones del mariscal de campo sin ningún problema.

Hace unos meses, varios años después de la reunión improvisada con los generales, tuve un encuentro inesperado con uno de los que habían estado en la habitación esa noche. Nos encontramos en un sitio que él había escogido y en la conversación que sostuvimos me dijo que desde aquella reunión había comandado varias operaciones militares, incluyendo una que había hecho noticia en todo el mundo.

Sacó un regalo de su bolsillo y me lo ofreció. «He guardado esto para usted», me dijo. Mis ojos se agrandaron. Y agregó: «¿Recuerda la conversación de aquella noche? Bueno pues, quería que supiera que la imposición de creencias ha sido una parte integral en el éxito de estas operaciones. Especialmente en ésta».

Emocionado, yo no hallaba qué decir. Se me vino a la mente, una vez más, qué una cosa pequeña puede producir grandes efectos. En este caso había sido un pequeño cambio de pensamiento.

A propósito, este mismo hombre de armas había sido premiado por sus éxitos con responsabilidades adicionales. Actualmente tiene su base en el extranjero sirviendo a los Estados Unidos y a sus aliados. Recientemente recibió una nueva estrella, y dirige competentemente a un grupo de personas inusualmente centradas y dotadas.

En este encuentro, después de nuestra comida, dejé mi té helado, lo miré directamente a los ojos, y le pregunté: «¿Qué... quiero decir, exactamente *qué*... es lo que hace usted ahora?».

Sonrió, se encogió de hombros, movió su mano en el aire como si no supiera exactamente donde posarla, y me dijo: «¡Bueno, usted sabe. Simplemente un montón de cosas pequeñas!».

Anuncio: el sendero divergente ha terminado oficialmente

Volvamos al camino principal.

Hmm, ¿dónde estaba? ¡Oh, ya recuerdo! Me estaba acercando a la PRUEBA del valor de *entender* una cosa pequeña llamada LO MEJOR.

Por el momento, volvamos a las primeras cuatro palabras de este capítulo: *si usted pudiera elegir.*

Cuatro palabras sutiles; pero, al mismo tiempo, desafiantes. Hemos visto, oído y dicho estas cuatro palabras tan a menudo a través de los años que ni siquiera se nos ha ocurrido detenernos para contemplar su veracidad. Abra la cortina, sin embargo, y no tardará en ver la verdad.

Esas cuatro palabras —SI USTED PUDIERA ELEGIR— son como un peligroso político vestido con un traje de tres mil dólares, parado tranquilamente en el podio, lanzando deslumbrantes destellos con una sonrisa impecable, dientes blancos como la porcelana, rostro enmarcado en un corte de pelo que un médico no se podría costear, bronceado y perfumado, gesticulando con manos tratadas con una manicura para enfatizar lo melifluo de su gloriosa voz de barítono, y que miente entre dientes mientras nosotros engullimos cada una de sus palabras.

«Si usted pudiera elegir» esa forma aparentemente inocente de comenzar un juego o iniciar una conversación habrá subordinado subconscientemente a la vasta mayoría de nosotros para lograr un resultado inferior al que de otra manera habríamos llegado. En español simple: Olvídese del hecho de que no hemos experimentado LO MEJOR que la vida tiene para ofrecer. ¡La mayoría de nosotros nunca nos hemos permitido considerar que LO MEJOR, en realidad, podría ser posible!

Nota especial: Le pido disculpas, estimado lector, por no haber podido poner un signo de exclamación más grande al final de esta última frase. Mis editores probablemente fueron estudiantes excepcionales de la clase de ortografía de la escuela secundaria. Yo no. Y como, sin duda, ellos conocen los diagramas de las oraciones mejor que yo (¿mejor que yo? ¿que mí mismo? ¿que nosotros?) me han informado repetidamente de que utilizo demasiados signos de exclamación.

Además, no les gusta en absoluto que use varios tamaños de letras, que cambie la tipografía en medio de una oración o (¡Dios no lo quiera!) que use **negrita** o *cursiva* en ciertas palabras.

Y, como verá, lo hice de todos modos en gran parte de este libro. Ni aprueban cuando ocasionalmente comienzo alguna frase con las palabras *pero* o *y*. Sin embargo, de todos modos lo he hecho. Y puesto que varios de mis libros han alcanzado la categoría de superventas, insisto en que este es mi estilo.

Respecto a los signos de exclamación, insisto en que el lector está leyendo un libro, por lo que no puedo cambiar de tono para resaltar una oración en particular. Tampoco puedo subrayar las palabras con un bolígrafo barato para llamar la atención del lector con un trazo sobre el papel. ¡Ay de mí si me dejara llevar por esa basura literaria de un signo de exclamación o dos para comunicar el énfasis que deseo poner en esas palabras!

Obviamente, cualquier argumento ofrecido por un imbécil como yo a los editores tan eruditos como los encargados de mis libros habría resultado en vano. Siendo así, permítame agregar aquí que si hubiera podido escribir la frase como quería, la habría escrito de esta manera:

> Olvídese del hecho de que no hemos experimentado LO MEJOR que la vida tiene para ofrecer. **¡La mayoría de nosotros nunca nos hemos permitido considerar que LO MEJOR, en realidad, podría ser posible!!!!!!!!!!!!!!!!!!!!!!!**

Todo esto para decir que las primeras cuatro palabras en este capítulo son una sucia y mentira podrida.

PORQUE USTED PUEDE ELEGIR.

Usted probablemente se imaginó todo lo que quiso antes de cumplir los siete años. En algún punto del camino, sin embargo, se encontró con la «verdad» sobre su futuro. No sería ni un astronauta ni una estrella de cine. A medida que fue creciendo, más y más consciente se hizo sobre esta «verdad». Debido a que sus posibilidades se hacían menos y menos probables, sus expectativas también iban menguando.

Creía cada cosa limitante que oía, leía o sospechaba sobre usted. Y mientras tanto, continuaba con su vida. Cierto, la vida no era fabulosa, pero tampoco era horrible. El mundo en el que usted vivía no era más que una realidad estadística. «Mira a tu alrededor», se dijo. «Sé feliz con lo que *es*. ¿Por qué tendría que ser diferente? ¿Por qué tendría que anhelar algo más o alguna otra cosa? ¿Por qué no podría ser feliz con las cosas como son? Las cosas están bien así como están.

Y las cosas *iban* bien. No eran grandiosas, pero iban bien.

Usted hizo lo que se suponía que debía hacer. Logró llegar quizás no al nivel más alto, pero en el nivel de felicidad, contentamiento y prosperidad por el que todos los demás se midieron, usted se situaba definitivamente más alto y en mejor posición que otros. Estadísticamente, usted estaba a kilómetros de distancia de lo más bajo y lo peor.

¿Y recuerda? Usted estaba conforme con todo. Realmente lo estaba. Usted creía que la vida debería de ser así. Porque todo lo que creía acerca de usted mismo y de su vida era... verdad.

Todo era verdad.

Pero quizás, solo *quizás*, todo era verdad porque eso era todo lo que podía permitirme creer.

Mire a su alrededor. ¿Hay alguien más en la habitación? Si hay y usted está en casa, cierre despreocupadamente el libro y escabúllase. Vaya a cualquier otra parte. O si no hay nadie más en la habitación, quédese donde está. La idea es encontrar un lugar tranquilo para que usted y yo podamos hablar en privado. Si tiene que ir a otro lugar para que podamos estar solos, vaya. Vaya ahora mismo. Lo esperaré.

Bueno. Solo usted y yo, ¿cierto? ¿No hay nadie leyendo por sobre su hombro? Excelente.

Ahora, ¿puedo hacerle una pregunta personal?

¿Sí?

Muy bien, respire profundo y deme una respuesta sincera: ¿Cree usted en Dios?

No, espere. No tan rápido. Piénselo. Piénselo por un segundo o dos.

¿*Realmente* cree en Dios?

Yo soy consciente de que si consigo convencer a cien personas para que lean este libro, las respuestas verdaderamente honestas a mi pregunta serán todas informales, generales y de un extremo al otro en la báscula de posibilidades. Desde un sí a un no, con cada grado y variación entre medio. Habrá quienes dejen de leer aquí, ofendidos por haber mencionado a Dios. Y habrá quienes escriban en la Internet severas críticas (con un montón de faltas ortográficas) e indignados porque no mencioné a Dios en cada página.

Aquí, sin embargo, por un breve momento, se le ha concedido un encuentro casual cada vez más raro con alguien a quien podría no conocer tanto como cree. Y no estoy hablando de mí. Ahora mismo, dondequiera que usted esté, tiene la oportunidad de pensar *por* usted mismo mientras *está* solo. Para hacerse algunas preguntas. Y contestárselas.

Tranquilo. Está solo. Póngase cómodo.

Ahora, aquí va la pregunta de nuevo: ¿Cree usted en un Dios que está aquí, ahora, con usted? ¿Un Dios del universo que le ama, se preocupa por usted y quiere LO MEJOR para usted?

Si su respuesta está en algún lugar lejos de un sí, si no está seguro, lo insto a que se mantenga tranquilo pero con urgencia, siga buscando esa respuesta. Busque a un amigo que esté seguro de su sí y pídale orientación. No dudo que su amigo o alguien que su amigo conozca podrán responder a sus preguntas y llevarle a un lugar seguro y feliz.

Si, sin embargo, su respuesta ya es afirmativa, entonces tengo solo tres cosas más para que piense en ellas.

Consideremos, entonces, que usted responde con un *sí*.

Sí, usted cree en un Dios amoroso que se preocupa por usted y que quiere LO MEJOR para usted.

Muy bien. Yo también lo creo.

La segunda cosa que quiero preguntarle es un poco extraña, pero aquí va: ¿Cree usted que Dios tiene una mayor imaginación que la suya?

¿Es usted un *sí* también en eso? Excelente. De nuevo, yo también.

Sigamos. Entonces aquí va la última pregunta. Es un poco diferente a las dos anteriores, ¿está listo? Respire hondo y piense conmigo ahora.

Si usted cree que Dios quiere LO MEJOR para usted...

Y sabe que, obviamente *usted* desea LO MEJOR para usted...

Y *también* cree que Dios tiene una mayor imaginación que usted...

Entonces, cuando examinemos su vida, la vida que usted declara que es LA MEJOR que pueda imaginar y pongamos junto a la suya la vida que es LA MEJOR que *Dios* puede imaginar...

¿ES POSIBLE QUE ESTAS DOS VIDAS SEAN COMPLETAMENTE DIFERENTES?

¿Alguna vez dispuso la oportunidad de una posibilidad de grandes recompensas para alguien a quien amaba o quizás para más de una persona? Mientras los veía luchar, usted en silencio oraba por ellos, esperando más allá de lo concebible que tuvieran éxito. Sin interferir, con sus ojos cerrados, tenso, usando cada fibra de su ser en un intento por empujarlos hacia adelante y hacia arriba. Y entonces, después de persistir por un tiempo y lograr algún triunfo, estas personas a las que usted amaba — quizás uno de sus propios hijos— dejaron de esforzarse. Sencillamente, abandonaron. Llegaron a una cierta distancia, allí se quedaron, y contentos se conformaron con lo que fueran las recompensas en ese nivel de esfuerzo en el cual se estancaron.

Si usted ha estado en esta situación —o si puede imaginarse en ella— podrá saber cuánto puede lastimar. Para un padre, es angustiante saber que un hijo pudo haber *tenido* más, haber *llegado a ser* más, haber ido más lejos y subido más alto si solo hubiese alzado la mirada. Si solo se hubiese mantenido en moción. ¡Si solo hubiese creído lo que usted le dijo que era posible!

Trágicamente, se da cuenta de que usted quería el mejor resultado —LO MEJOR— para su hijo, más de lo que él realmente quería. Usted conocía las capacidades de su hijo. Sabía lo que demandaba alcanzar el premio. Sabía que la lucha tendría un final feliz. Pero él no lo creyó. Y ahora, cada vez que lo mira, piensa lo que pudo haber sido.

Lo que *debería* haber sido.

Sabiendo que Dios es nuestro Padre en el más puro sentido de la palabra, seguramente sabemos que ama a sus hijos al menos tanto como nosotros amamos a los nuestros. Me pregunto cómo se sentirá al mirarnos. ¿Sacudirá a veces la cabeza en un gesto de desesperación? ¿Nos creerá débiles o tercos porque nos negamos a ver el propósito de las luchas que se nos permite enfrentar? ¿Cuando nos negamos a intentarlo?

Nunca la grandeza ha sido un producto de la fragilidad. Los músculos físicos, emocionales y espirituales solo se desarrollan a través de la lucha y con ese músculo desarrollado viene un aumento de la capacidad y nuevas fuerzas. Capacidad, competencia y sabiduría crecen cuando se las ejerce contra la resistencia de cosas consideradas imposibles. Los músculos desarrollados en tiempos difíciles son los que, eventualmente, convertirán las imposibilidades en oportunidades alcanzables en el futuro.

La conclusión inevitable... la única realidad razonable... la verdad fundamental... el fondo del pozo es este: Usted y yo deberíamos pasar menos tiempo fijando metas para satisfacer las expectativas de otras personas y dedicar *más* tiempo a la tarea de aumentar de forma legítima el nivel de lo que real y verdaderamente creemos es posible. Esto solo puede hacerse —y siempre se hará—alineándonos para ir tras la vida que Dios mismo ha identificado para nosotros como la mejor.

Siento la curiosidad por saber, y probablemente usted también, qué podría tener Dios en mente.

✆ Quince ✆

Una cosa pequeña... *como ver lo que siempre ha estado allí*

> *Perspectiva es cómo decidimos percibir una cosa. Ceguera es la decisión de no verla. Escoger una perspectiva negativa es limitante, pero escoger la ceguera es una tragedia.*

MI FAMILIA VIVE EN UN GRAN VECINDARIO. CONOCEMOS a nuestros vecinos y a menudo nos visitamos. Hemos vivido aquí por lo que ahora parece mucho tiempo. De hecho, es la única casa que nuestros hijos han conocido.

Si ha leído mis novelas *La maleta* y *Perspectiva* ya conoce mi historia. Por un tiempo, cuando era joven, no tenía ni casa ni hogar. Durante el día, trabajaba haciendo cualquier cosa para ganarme algún dinero y vagabundeaba por la playa. Las noches las pasaba en garajes vacíos o, más frecuentemente, en un lugar que había cavado donde el hormigón se encontraba con la arena debajo del muelle del Gulf State Park. Todavía transito por esa enorme estructura varias veces a la semana. Está a solo nueve kilómetros de mi casa, pero en muchos aspectos es un mundo lejano del que ahora vivo.

Una tarde de diciembre mi esposa, Polly, y yo salimos de casa unos quince minutos antes de que oscureciera. Teníamos que manejar durante una hora para encontrarnos con unos amigos y cenar con ellos. En la señal de parada que marca la salida de nuestro vecindario, nos encontramos frente a las dos opciones de siempre; las *únicas* dos si uno sale manejando. Con la playa y la ancha expansión del Golfo de México directamente adelante, hacia el sur, nuestra opción era izquierda o derecha. Este u oeste.

Nuestros amigos vivían en Gulf Breeze, un destino que requería un giro a la izquierda, pero Polly y yo miramos con nostalgia a la derecha. No era que no estuviéramos seguros de la dirección que teníamos que tomar.

—¿No te parece maravilloso? —me dijo Polly mientras buscaba su teléfono—. El cielo se está preparando para una foto. Buscó el ícono que identificaba la cámara mientras añadía, sonriendo:

—Me hubiera encantado cenar con los Bullards esta noche.

Sonreí, asintiendo. No tenía nada que ver con nuestros amigos de Gulf Breeze. Es que los Bullards —Joe y Foncie— vivían en Point Clear, cerca de Fairhope, en Mobile Bay. De haber ido donde los Bullards, habría tenido que girar a la derecha, y dirigirnos al oeste. Y aunque la puesta del sol ni siquiera había comenzado, la experiencia nos decía que las nubes y el reflejo de las aguas del Golfo harían de esta tarde un espectáculo digno de contemplar... para cualquiera que se dirigiera hacia el oeste.

—¡Bueno, qué vamos a hacerle! —dije, suspirando. Y con una última mirada hacia la derecha, giré a la izquierda y nos dirigimos al este.

Quince minutos más tarde casi había olvidado la puesta de sol que Polly había pronosticado cuando miró por encima del hombro y ahogó un grito de asombro al tiempo que disparaba la cámara de su teléfono.

—Mira —me dijo, colocando el teléfono en mi línea de visión. Una rápida mirada y mis ojos registraron la foto que había tomado. La vi por menos de un segundo, pero fue suficiente para asombrarme. La foto que había tomado con su teléfono celular, y que yo había visto tan fugazmente, había registrado el rojo carmesí de un cielo en llamas.

Indicando al teléfono con un gesto de cabeza, dije:

—Esa foto es irreal. Es increíble, aun cuando, obviamente, no se puede comparar con algo real.

Hice un gesto con el pulgar y le pregunté:

—Entonces, ¿qué es lo real que vamos dejando atrás? —. El tráfico era pesado en los dos carriles del camino y yo me atreví a volverme para mirar.

—Increíble —dijo ella—. Totalmente diferente a como era hace dos minutos, pero sigue siendo increíble. Quizás ahora más increíble.

Polly jugueteó con su teléfono por un momento antes de deslizarse hacia mí hasta donde el cinturón de seguridad se lo permitió y volvió su cuerpo totalmente para seguir mirando atrás. Mientras descansaba su barbilla en el respaldo del asiento, su pelo oscuro rozó mi hombro. Respiré profundamente, aspirando oleadas de su perfume.

Polly se mantenía quieta mientras miraba por la ventana trasera.

—Si quisieras —dijo, con un cierto tono burlón—, podrías dar la vuelta y regresamos a Gulf Breeze.

Sonreí ante su comentario pero no dije nada. En cambio, le tomé la mano y seguí concentrado conduciendo, mientras ponía atención a las luces traseras de los vehículos que iban delante de nosotros y en los faros de los vehículos que nos pasaban por la izquierda.

Mientras conducía, mi esposa continuó describiendo las lentas explosiones de intensidad y fusión de colores en el cielo, con tanto esmero que parecía como si el cielo nunca volvería a tener otra oportunidad de crear otra puesta de sol.

Por fin, Polly suspiró, de una forma que revelaba una combinación única de emoción y satisfacción. Ahora ya estaba casi completamente oscuro, y el espectáculo se había desvanecido. Sin embargo, cuando Polly volvió su mirada al frente, continuó hablando de los remolinos de colores y del movimiento de las nubes, tratando de describir para mí lo que había hecho del atardecer algo tan espectacular.

Escuchando a mi esposa mientras conducíamos, me di cuenta de que no estaba desilusionado por haberme perdido el espectáculo. Para los que vivimos a lo largo de la costa del golfo, un cielo como el de esa noche es prácticamente trivial. No que nos cansemos de verlo pero las fabulosas puestas de sol no son exactamente raras.

—Nunca lo había pensado antes —dijo Polly de pronto— pero en un sentido casi envidio el tiempo cuando viviste en la playa, durmiendo debajo del muelle.

Después de un momento, al ver que yo no respondía, agregó:

—¿Lo sabías?

Seguí sin decir nada, hasta que me golpeó ligeramente la pierna.

—¿Me oíste, amor?

—Sí. Te oí —le respondí con voz vacilante—. Solo estoy tratando de entender por qué podrías envidiar algo de esa parte de mi vida.

—Bueno, estaba pensando cuando vivías en la playa, cada atardecer, escuchando el oleaje. Y la cantidad de puestas de sol que seguramente viste.

De nuevo me mantuve en silencio y, una vez más, después de un momento, Polly habló:

—¿Me estás escuchando? ¿En qué estás pensando?

—Estaba pensando en esa época y trataba de recordar... ¿y sabes qué? —le eché una mirada rápida para asegurarme de que me estaba escuchando—. Quizás las cosas han cambiado desde entonces. El clima... la atmósfera. ¡Qué sé yo! Creo que en aquel tiempo no teníamos atardeceres tan hermosos como estos de ahora. Con todos estos colores. La verdad es que... bueno, no los había. No como ahora... ¡caray! hemos tenido varios hermosos atardeceres en una semana. Tengo que reconocerlo. Casi nunca vi uno como estos, y que conste que estaba todas las tardes en la playa. Extraño —concluí—, pero nunca vi algo semejante.

Durante unos segundos, nos mantuvimos en silencio. Sentí los bordes mortificantes de la tristeza arañándome por dentro y no podía entender por qué. Pero las escenas de mi pasado, delineando una versión mucho más joven de mí se presentaron en mi mente sin previa invitación. Recordé cómo, a veces tan temprano como el mediodía, empezaba a temer el final del día. El miedo tenía una presencia física, un puño que exprimía mi pecho cuando imaginaba el reloj avanzando sin parar hacia el crepúsculo, el momento para encontrar un garaje vacío para cobijarme algunas horas o de arrastrarme debajo del muelle, donde pasaría la noche.

Nunca he olvidado la pesadez del aire húmedo en aquellas tardes hace ya tanto tiempo mientras la luz del día, la cual imaginaba ser segura, transicionaba a la noche y al aquietamiento gradual de la playa. Los últimos vientos del día estaban declinando, y los turistas se retiraban a sus cuartos de hotel con aire acondicionado, duchas, cena con sus familias y camas; camas de verdad con sábanas limpias. Mientras la tarde daba paso a la noche yo, solo, sentía algo siniestro en el silencio en que quedaba la playa. La oscuridad era un enemigo, tanto literal como figurativo, un depredador opresivo que abrumaba mi mente consciente antes de que pudiera dormir y me atacaba con horribles pesadillas tan pronto como lo hacía.

—¿Querido? —Polly habló suavemente, al tiempo que ponía su mano en mi brazo.

—Hey —reaccioné, parpadeando y enderezándome en mi asiento.

Eché una mirada al camino para ver dónde estábamos al tiempo que me daba cuenta de que mi esposa había notado mi «ausencia». Sonreí y le di una palmadita:

—¿Estás bien?

Enarcó las cejas y me dijo:

—Sí, ¿y tú?

—¿Yo? Yo estoy bien.

—¿En qué piensas tanto? —dijo tras asentir.

—Nada en particular, cosas sin importancia.

Ella asintió de nuevo, diciendo esta vez:

—Mirándote la cara, no creo que estuvieras pensando en cosas sin impotancia.

Sin nada que decir en ese momento, seguí callado. Me sentí aliviado de que Polly no siguiera con el tema. Después de unos momentos, reanudamos la conversación, hablando ahora de los hijos, de un amigo cuya madre estaba enferma y del entrenador de fútbol con quien había conversado temprano ese día.

De pronto vi que Polly había tomado su teléfono y buscaba algo en la pantalla.

—¿Qué buscas? —le pregunté.

—Algo que quiero mostrarte —me dijo—. ¡Espera. Te encantará!

Momentos después, habiendo encontrado aparentemente lo que buscaba, levantó la vista.

—¿Puedes detenerte solo un minuto? —me dijo.

No pregunté la razón. Un estacionamiento apareció a nuestra

derecha, y salí de la carretera. Tan pronto como puse el auto en *parking*, Polly me miró, sonriendo misteriosamente. Y comenzó a decir:

—Mientras hablábamos, y cuando el sol se iba ocultando, tomé algunas otras fotos. Mira esta —me dijo, poniendo la cámara ante mis ojos—. Esta es mi favorita. La tomé antes de darme la vuelta.

Miré la foto e inmediatamente estuve de acuerdo con Polly. La imagen era increíblemente bella. Mucho más que la primera que me había mostrado antes, tal vez mejor que cualquier atardecer que yo haya visto jamás.

—¿Ves lo que hice? —me preguntó.

Sonreí y asentí con un movimiento de cabeza.

—¡Increíble! —fue lo único que pude decir. La forma en que la había tomado lo hizo aún más maravilloso.

—La tomé a través del espejo lateral.

—¡Impresionante!

Polly esperó, permitiéndome estudiar la imagen de cerca y enviarla a mi propio teléfono. Se quedó quieta hasta que le devolví su teléfono. Luego lo volvió hacia mí de nuevo.

—No es realmente una fotografía de la puesta de sol ¿sabes?

—¿Qué? — refunfuñe.

—Mírala bien —me dijo. Y lo hice.

—¿No ves que es una fotografía del espejo del lado del pasajero del auto?

Mis ojos se estrecharon.

—¿Y…?

Ella sonrió cándidamente.

—Solo pensé que era interesante. Yo estaba mirando hacia adelante cuando tomé la foto. La verdad es que solo vi el espejo. En ese momento no me fijé en la puesta de sol, pero allí estaba. ¿La ves? —volvió a poner el teléfono ante mis ojos.

—Sí —dije, con cautela—. ¿Y eso qué tiene que ver…?

—Aguarda —me interrumpió Polly—. Aquí viene la parte interesante. Me volví y observé el resto de la puesta de sol. Incluso tomé algunas fotos. Pero tú no te volviste. No podías hacerlo. Estabas conduciendo. Pero el hecho es que nunca te volviste para mirar. Tú no viste la puesta de sol.

Mi esposa me miraba expectante, pero cuando no dijo nada más, miré el reloj.

—Tenemos que irnos —le dije—. Se hace tarde.

—Sí Tenemos que seguir el viaje... pero quiero decirte otra vez esto —dijo Polly sonriendo.

Yo tenía los ojos muy abiertos. Estaba intentando enmascarar mi impaciencia.

—Está bien —dije simplemente.

—Querido —dijo tomando mi mano—. Esta noche el cielo era tan hermoso como siempre lo ha sido. En realidad, tú nunca viste la puesta del sol del todo. Ni una sola vez. ¿Pero sabes qué? Estaba allí, sea que la vieras o no. Estuvo todo el tiempo detrás de ti.

Hoy, no me importa admitir que cuando estábamos casi por llegar a la cena entendí finalmente lo que Polly estaba tratando de enseñarme. Su lección, sin embargo, ha permanecido conmigo desde entonces.

Es cierto. Han pasado más de tres décadas desde que viví en la playa, y hubo tantas puestas de sol entonces como las hay ahora. El hecho de que mi autocompasión y la ira fueran la excusa para ignorar aquella belleza —elegir la ceguera— no significa que las puestas de sol no hayan existido en aquel tiempo.

Seguramente hubo amaneceres también. Y arco iris, lunas llenas y estrellas esparcidas por el cielo nocturno como un vasto toldo negro con un millón de diamantes incrustados e iluminado desde detrás. Y todo eso me lo perdí.

Una vez más, es importante señalar que, durante un tiempo en mi vida, *elegí* ser ciego. Debido a esa elección, no solo fui ciego a la belleza; también fui ciego a la oportunidad, al perdón, al valor en otros, y una cantidad de otras cosas, materiales y espirituales. Mi rechazo a esas virtudes en aquel tiempo efectivamente neutralizó cualquier posibilidad que yo pude haber tenido para impulsarme hacia la luz de una vida mejor.

Tenga en cuenta que una persona que obstinadamente elige la ceguera está dando un peligroso paso —o dos— más allá de una simple perspectiva pesimista. Ver las cosas con una actitud pesimista no es más que caminar por el borde de un precipicio sin protección. Decidirse a no ver el precipicio puede ser el fin de todo.

Para ser claro, perspectiva es cómo decidimos percibir una cosa. Ceguera es la decisión de no verla.

Elegir una perspectiva negativa es limitante.

Elegir la ceguera es una tragedia.

Mientras usted y yo navegamos por la vida que tenemos por delante, y ayudamos a otros a hacerlo exitosamente con las suyas propias, debemos ser conscientes de que abrir nuestras mentes y corazones a la realidad es una parte necesaria que nos posibilita vivir cada día con la perspectiva adecuada.

En otras palabras, debemos elegir ver antes de tener la oportunidad de decidir cómo la queremos ver.

Esta no es la Conclusión... ¡porque las cosas pequeñas *son solo el principio!*

SUPONGAMOS POR UN MOMENTO QUE USTED INTEGRA un equipo para jugar un partido que va a durar toda la vida. El objetivo de cada equipo es poner al equipo contrario en fuera de juego, tanto personal como profesionalmente. A cada equipo se le permite escoger un jugador de cualquier periodo de tiempo en la historia. Una persona con una mente excepcional cuyo pensamiento pueda guiar a los otros.

A usted, como capitán de uno de los equipos, se le permite hacer la primera elección. Entre Aristóteles y Einstein, ¿a quién escogería? ¿a Aristóteles o a Einstein? Parece una decisión difícil pero, en realidad, no lo es.

Escoja a Einstein.

Quizás usted acepte la sugerencia de escoger a Einstein, pero luego es probable que diga: «¡Imposible!». Además, si está familiarizado con la lógica einsteiniana, bien podría creer que al sugerir yo a Einstein esté haciendo de este libro algo irrelevante. «Después de todo», podría decir, «Aristóteles se centraba en lo pequeño; en cambio Einstein se movió en exactamente la dirección opuesta. Él consideró el panorama total, como nadie jamás». Y al pensar así, usted estaría en lo correcto, al menos en cuanto a que Einstein fue quien vio la imagen completa.

¿Confundido? No tiene por qué. Afortunadamente, como en tantas situaciones, un examen más detallado le puede revelar un mayor entendimiento.

Considérelo desde este ángulo: Mientras que es verdad que la lógica aristotélica se centra «en lo minúsculo», la razón es porque esta imagen pequeña mueve el pensamiento en esa dirección. La lógica aristotélica es una forma de reduccionismo. Al moverse hacia el panorama más pequeño, lo reduce y lo excluye.

La lógica einsteiniana, por el contrario, se mueve hacia el panorama extenso. La lógica einsteiniana no es lineal, y como mueve el pensamiento hacia el panorama amplio, de forma natural lo aumenta y lo incluye.

Después de todo este tiempo que usted y yo hemos pasado juntos, ciertamente no le sorprenderá que desee cosas grandes para usted. Nuestra razón fundamental para examinar las *cosas pequeñas* en primer lugar fue darle una más completa comprensión de un fundamento sobre el cual pueda construir una larga vida de oportunidades cada vez mejores.

Usted no fue hecho para enterrarse en minucias de tamaño cada vez más pequeño. Su vida ha sido creada para crecer e incluir. Se pretende que usted use cosas pequeñas como una plataforma de lanzamiento o una vía que lo lleve a ese panorama general (esa obra maestra) que usted esté haciendo de su vida. Las cosas pequeñas son simplemente los medios que empleamos para lograr el resultado final que deseamos.

Lamentablemente, algunas personas continuarán adheridas a ese panorama general sin haber establecido un fundamento firme. Muchas personas nunca entenderán que las cosas pequeñas son solo un punto de inicio, pero que sin un punto de inicio apropiado, el crecimiento se verá tremendamente obstruido. Muchos, como el ruiseñor, cantarán la misma canción siendo adultos que cantaron siendo jóvenes. En otras palabras, dejados solos, su tendencia será a cambiar, pero no mucho.

Muchos se sienten amenazados por información nueva. ¿Por qué? Porque la información nueva nos obliga a elaborar un nuevo esquema en nuestras mentes y, a veces, eso incluye cambiar lo que creemos.

Muchos no entienden la lucha por entender y muchos ni siquiera lo *intentan*. Esta falta de entendimiento, acoplada con una falta de deseos de crecer, hace que muchos nunca alcancen más que la superficie de su potencial de vida.

Es triste, pero es verdad. Muchas personas todo lo que saben con certeza son las noticias de ayer.

Así que permítanme decir esto: *¡gracias a Dios que usted no es «como la mayoría de la gente»!*

Usted está preparado. Y sigue preparándose. Ya ha aprendido mucho, y quiere seguir aprendiendo. Tiene hambre de saber, se complace con la sabiduría y está dispuesto a interesar a los demás en el camino que ha elegido. Su camino es de alegría. Está lleno de emoción y de retribuciones siempre en aumento porque ha elegido ser generoso con todo lo que ha recibido.

Si tuviera una varita mágica la usaría para que mantuviera sus ojos bien abiertos porque ha llegado el momento de que haga uso de lo que sabe que es verdad y comparta con otros la persona que ha llegado a ser. Haría que su mente, su alma y su espíritu también se abran. Con mi varita mágica, haría que usted viviera una vida tan valiosa y gratificante que solo la mano de Dios podría explicarlo. Proclamaré la rara sabiduría y abundancia financiera de usted y su familia como el gozo, la paz y la influencia de su legado para que resuenen a través de las generaciones.

Desafortunadamente, usted y yo sabemos que no tengo esa varita mágica. Pero, *afortunadamente*, ese hecho no importa en lo más mínimo. Las varitas mágicas son como los tréboles de cuatro hojas, como las monedas brillantes de un centavo o como una pata de conejo, y ni usted ni yo necesitamos tales cosas.

La suerte es un mito. La suerte es indetectable porque es inexistente. La suerte es algo que deseamos mientras los dados están rodando y los culpamos tan pronto como se detienen. Recurren a la suerte, esperando encontrar misericordia, gracia, paz y abundancia, quienes no tienen a nadie más en sus vidas a quienes puedan acudir.

Usted no necesita de la suerte. Usted es fuerte, inteligente y capaz. Usted decidirá sabiamente porque ya ha optado por abrir su mente, su alma y su espíritu a las cosas pequeñas vitales y a su promesa de cada vez más grandes cosas por venir. Usted está ganando en entendimiento y cada día se está volviendo más valioso. Y pronto tendrá paz, influencia y los resultados obvios que lo probarán.

Así que, de mí a usted, felicitaciones de antemano por la vida que está a punto de iniciar, una vida tan gratificante para la que solo la imaginación de Dios puede proporcionar el diseño.

Guía para el lector

Introducción

1. ¿Cómo un ajuste en la perspectiva puede marcar una diferencia significativa en su vida personal o en su carrera?
2. ¿Cómo podría usted hacer uso de los beneficios de ser un «observador»?
3. Andy Andrews es un observador *profesional*. ¿Cree que esto se debe simplemente a que él piensa de manera distinta al resto de las personas, o piensa que este tipo de discernimiento es un don? ¿Por qué?
4. ¿Ha creado alguna obra maestra últimamente? ¿Por qué sí o por qué no? Si la ha creado ¿por qué la hizo y cómo la hizo?

Nota del autor

1. Andy espera que usted, con la lectura de este libro se disponga a pensar de forma diferente. ¿Qué beneficio espera obtener con su lectura?

Capítulo 1

1. En muchas circunstancias tendemos a pensar que el número *uno* ha llegado a ser un número muy poderoso. ¿Cuál es el significado importante de *uno* y qué es lo que lo puede hacer tan poderoso?
2. A menudo, la brecha que hay entre los números *uno* y *dos* es

amplia. ¿Qué es lo que origina esta brecha? ¿Cómo y por qué se origina esta brecha?

Capítulo 2

1. Andy afirma que hay una gran diferencia entre «la historia» y «el pasado». ¿Qué ejemplos puede recordar que demuestran esta diferencia?
2. ¿Por qué omitimos tantos pequeños detalles si es verdad que *las cosas pequeñas* realmente cuentan?
3. ¿Fue impactada la batalla de Waterloo por un puñado de clavos? ¿Recuerda otro hecho histórico en que algo aparentemente tan pequeño marcó tal diferencia?

Capítulo 3

1. Andy nos contó una historia acerca de una nueva escuela en el estado de Utah que escogió al puma (*cougar* en inglés) como su mascota. La junta de la escuela se negó a aceptar al *cougar* (puma, en español) como su mascota porque «la palabra tiene una connotación despectiva y *podía ser ofensiva para las mujeres adultas*». ¿Es este un ejemplo de exageración con lo que podría ser «políticamente correcto» o usted cree que la junta escolar tomó una decisión justa en este caso? ¿Se le ocurren otros ejemplos parecidos a éste que se hayan producido en su comunidad local o en su país? ¿Apoyaría o se opondría a una decisión así? Diga por qué.
2. Explique lo que significa el dicho «la cola meneando al perro». ¿Qué ejemplos de esto podría dar que le sean conocidos y que ocurren en el mundo de hoy?
3. ¿Existe tal cosa como la verdad absoluta o es la verdad un concepto situacional que depende de lo que ocurra en una instancia en particular? En su opinión, ¿cómo perciben muchas personas la verdad hoy en día: como un absoluto o como un concepto situacional?

4. ¿Qué es el «efecto mariposa»? ¿Por qué el efecto mariposa a menudo produce resultados sorprendentemente positivos, qué clase de problemas catastróficos podría presentar el efecto mariposa por personas que se ofenden y se enojan dentro de una familia o de una comunidad?

5. ¿Cree usted tener la capacidad de «decidir cómo actuar a pesar de cómo se sienta» y que tiene «control absoluto» de decidir si se ofende por algo o no? ¿Se ha sentido ofendido alguna vez? Si la respuesta es sí, ¿sigue sintiéndose ofendido todavía? ¿Se da cuenta de lo peligroso que puede ser esta actitud? ¿Qué puede hacer para superarlo?

CAPÍTULO 4

1. ¿Cree usted que nuestra sociedad de hoy subestima el poder de las pequeñas palabras POR QUÉ? ¿Cree usted que vale la pena explorar y responder a esta pregunta? Diga por qué.

2. Cuando las cosas salen bien, muchas personas no piensan en preguntarse POR QUÉ. ¿Por qué éste es el mejor tiempo para preguntarse POR QUÉ?

3. En el capítulo 4, va a encontrar una forma fascinante de describir los diferentes tipos o grupos de personas que existen en nuestro mundo (las zs, las Hs, las Ms, las Ss, las Rs y las Fs fuera del cuadro). ¿En qué grupo se ubicaría usted? ¿A qué grupo le gustaría parecerse más y por qué? ¿Qué tendría que hacer para que esto se produzca?

4. En este capítulo aprendemos que los «principios son la forma más importante de sentido común». Mientras vivir por ciertos principios es algo bueno y saber CÓMO funcionan estos principios es esencial, no es sino hasta que nos preguntamos POR QUÉ funcionan que realmente estaremos en condiciones de aplicar estos principios en todas las áreas de nuestra vida. ¿Está usted plenamente consciente de los principios que gobiernan su vida? ¿Podría nombrarlos? ¿Sabe POR QUÉ realmente funcionan? ¿Cómo afecta esto su vida cotidiana en casa, en el trabajo, en su comunidad?

Capítulo 5

1. ¿Con qué frecuencia oye a gente celebrar el haber *casi* alcanzado una meta o *casi* logrado algo importante en sus vidas? ¿Es esto realmente motivo de celebración? ¿Cuál es la importancia de un dieciseisavo de una pulgada o dos grados donde *casi* pudo ocurrir un concepto muy peligroso?

2. ¿Alguna vez se ha sentido desalentado al empezar un nuevo proyecto y las cosas no salieron tan rápido o tan fácilmente como se había imaginado? ¿Cómo lo afectó físicamente ese desaliento? ¿Le quitó las fuerzas? ¿Qué consejo nos da Andy para revertir esta situación y salir de nuevo en busca de nuestros sueños?

Capítulo 6

1. El padre de Andy le enseñó una dura lección acerca de abandonar. ¿Cuándo está bien considerar el abandonar como una opción o es una opción a considerar? ¿Por qué?

2. El padre de Andy sabía que abandonar no era práctica con la cual Andy se habría de sentir cómodo. ¿Cree usted que nuestra sociedad, en general, ha llegado a ser demasiado cómoda con el proceso de abandonar y darse fácilmente por vencido? Si es así, ¿cuál ve usted que es el resultado de esto? Si no, ¿por qué cree usted que hay personas que persisten aun cuando la vida se ponga difícil?

Capítulo 7

1. ¿Cree usted que a veces interpretamos incorrectamente los hechos? ¿Lo ha hecho usted? ¿Se arecuerda de una situación en que esto pudo haber sido peligroso?

2. ¿Alguna vez ha modificado su pensamiento respecto de algo? ¿Afectó seriamente ese cambio a algo? ¿Dónde está el valor de examinar y reexaminar su pensamiento?

Capítulo 8

1. Sócrates, Aristóteles y Platón fueron durante una época grandes pensadores. ¿Quiénes consideras que sean los grandes pensadores de nuestros tiempos? ¿Qué los hace ser lo que son? ¿En qué sentido son diferentes a la mayoría de la gente?

2. ¿Por qué la gente rehúsa desafiar a los pensadores de hoy? ¿Los desafiaríamos nosotros? ¿Por qué?

3. ¿Cuándo una persona llega a la meta final del aprendizaje? ¿Ha llegado usted? ¿Cómo lo sabe?

4. En este capítulo Andy hace la siguiente afirmación: «Un poco más de comprensión puede cambiar el mundo». ¿Qué significado tiene esta afirmación para usted?

5. Cuando usted esté listo y dispuesto a examinar su propio pensamiento, Andy dice que debe plantearse unas preguntas muy importantes. ¿Qué preguntas se haría que impactarán en su vida?

Capítulo 9

1. El capítulo 9 comienza con la siguiente cita: «La perspectiva es la única cosa consistentemente más valiosa que la respuesta misma». ¿Por qué es tan poderosa la perspectiva?

2. ¿Realmente escoge usted su *perspectiva*? ¿Qué dicen estas preferencias sobre sus perspectivas? ¿Cuál es la relación entre *percepción* y *perspectiva*?

3. La perspectiva puede realmente afectar las decisiones que tomamos, pero el momento es también un factor extremadamente importante. ¿Cuál es la principal diferencia entre la forma en que mucha gente arriba a sus decisiones y la forma en que las personas sabias toman sus decisiones? ¿Cómo puede este conocimiento ayudarle a tomar sus decisiones?

4. Piense en el contraste entre las decisiones que McDonald's y Chick-fil-A hicieron en cuanto a abrir los domingos. Usted quizás piense que mantenerse abiertos durante días y horas adicionales produciría mayores ingresos pero, en este caso, claramente tal

cosa no ocurrió. ¿Qué cree usted que contribuyó a que Chick-fil-A tuviera un éxito abrumador a pesar de estar abierto menos días y menos horas al año que McDonald's?

Capítulo 10

1. En el capítulo diez, supimos de la historia increíble sobre Meriwether Lewis y el poder de un rifle de aire comprimido. ¿Fue ese rifle tan potente o fue la habilidad de tirador de Lewis o fue algo aun más formidable que aquello? Quizás fue el saber contra el no saber. ¿Qué cree usted y cómo fue esto posible? ¿Cómo podría usted usar su conocimiento para que le ayude a triunfar?

Capítulo 11

1. «Todos quieren marcar una diferencia, pero no todos están dispuestos a ser diferentes». ¿En qué manera ve esta afirmación en el mundo de hoy día?
2. La frase «excelencia promedio» parece un oxímoron. ¿Cree usted que lo sea? ¿Entran usted o muchos de sus conocidos y amigos en esta categoría? ¿Por qué sí o por qué no?
3. Muchos adolescentes no tienen el deseo de ser diferentes de sus pares; quieren integrarse o ser como los demás. ¿Le parece que hay adultos que luchan con este mismo sentimiento? ¿Por qué sí o por qué no?
4. ¿De qué manera la persona se puede sentir a gusto siendo diferente? ¿Cuál es la diferencia entre ser raro y ser diferente? ¿Cómo podríamos nosotros inspirar o alentar a otros a ser diferentes?

Capítulo 12

1. ¿Cómo una moneda de cinco centavos, más bien la mitad de una moneda de cinco centavos, llegó a ser tan importante para Jimmy Gozart y tuvo tan grande efecto en su vida y en su futuro?

2. En este caso, finalmente la verdad atrapó a Rudolf Abel. ¿Alguna vez se ha percatado de que alguien le estaba dando información falsa? ¿Cree usted que la verdad termina por imponerse siempre? ¿Por qué?

Capítulo 13

1. ¿Por qué hay personas que a menudo se resisten al cambio? ¿A qué cambios se ha resistido usted? ¿Por qué? ¿Es un cambio siempre malo?

2. Andy menciona que el cambio afecta muchas partes de nuestras vidas y que es muy difícil aun describir el poder del cambio. Describa cómo usted o alguien más a quien usted conoce ha sido afectado por un cambio. ¿Fue este cambio poderoso? ¿Por qué?

3. Durante los últimos años, este país (EE. UU.) ha pasado por varios cambios. ¿Cómo han afectado estos cambios la vida de la nación y a sus ciudadanos? ¿Cuán intensos fueron estos cambios? ¿Cómo pudieron estos cambios afectar a otros países?

4. Andy dice que hay tres creencias básicas que mucha gente tiene acerca del cambio, que tales creencias afectan cada decisión que enfrentamos, que estas tres creencias son «absolutamente falsas» y explica por qué son un mito. ¿Dé un ejemplo en el pasado cuando usted se dio cuenta de que algo en lo que creía era simplemente falso. ¿Cómo afectó esa revelación su vida?

5. Andy cree firmemente que hay solo dos «ingredientes» que deben estar presentes antes de que realmente pueda ocurrir un cambio. Al leer más sobre estos dos ingredientes, ¿cómo concuerdan o cambian su opinión sobre los cambios? ¿Cómo podría ayudarle cuando tiene que enfrentarse con algún miembro de su familia y compañeros de trabajo que están teniendo dificultades con algún cambio que usted está tratando de implementar?

Capítulo 14

1. ¿Cómo podría la «imposición de una creencia» funcionar en su trabajo, dentro de su familia y con amigos?

2. ¿Alguna vez ha considerado realmente qué podría ser LO MEJOR? Todos queremos lo mejor para nosotros, lo mejor para nuestras familias, lo mejor para nuestras carreras pero qué es, exactamente, lo mejor? ¿Podría describir lo que para usted es LO MEJOR?

3. Aquí tenemos el verdadero desafío que nos presenta Andy. Examine su vida (lo que a usted le parece que sea LO MEJOR); luego, póngalo al lado de LA MEJOR vida que Dios ha planeado para usted. ¿Cómo le parece que se comparan? ¿Le ve alguna similitud o son completamente diferentes? ¿Qué estaría dispuesto a hacer para que ambos conceptos se asemejen? ¿Por qué querría que se asemejen?

4. Con frecuencia escuchamos que es durante tiempos de mayor dificultad que desarrollamos las mayores fuerzas, la clase de fuerza que desafía cualquiera probabilidad y nos capacita para salir victoriosos. ¿De dónde viene esa clase de fuerza y cómo puede servirnos en el futuro?

Capítulo 15

1. Polly le recordó a Andy que la puesta de sol estaba allí la viera él o no la viera. ¿Cómo se traduce eso en algo que usted ha decidido no ver?

2. Según Andy, nuestra «perspectiva es cómo decidimos percibir algo. Ceguera es la decisión de no ver nada». ¿Alguna vez se ha preguntado cómo una persona podría ser tan ignorante o tan ciega respecto de las cosas que están ocurriendo a su alrededor? ¿Será porque ha decidido verlo desde una perspectiva que es claramente diferente de la suya, o será porque, sencillamente, decide no ver nada? ¿Cómo podría usted establecer la diferencia en la vida de tal persona —y de otras— que optan por la ceguera o, quizás, necesitan reajustar sus perspectivas?

Esta no es la Conclusión

1. ¿Por qué Andy escogería a Einstein? ¿A quién escogería usted y por qué?

2. Muchas personas creen en la suerte. Andy dice que la suerte no existe; que es un mito. ¿Cuál es su creencia acerca de la suerte? ¿Por qué?

3. ¿De qué forma o formas ha afectado este libro su manera de pensar? ¿Cómo puede llegar a afectar sus opciones, su perspectiva y sus decisiones? ¿Qué haría usted de forma diferente a partir de hoy? ¿Cómo afectaría esto su vida y las vidas de quienes le rodean?

Acerca del autor

ACLAMADO POR UN REPORTERO DEL *NEW YORK TIMES* como «alguien que, sin hacer ruido, ha llegado a ser una de las personas de mayor influencia en los Estados Unidos», Andy Andrews es un novelista superventas, conferenciante y consultor para los mejores equipos deportivos de los Estados Unidos y las grandes corporaciones y organizaciones de más rápido crecimiento. También entrena personalmente a individuos y dueños de pequeñas empresas para que lleguen a ser «Unshakeable Entrepreneurs» (Empresarios Inquebrantables) en AndyAndrews.com. Por invitación expresa, ha hablado ante cuatro presidentes de los Estados Unidos y recientemente lo hizo ante miembros del congreso y sus esposas. Zig Ziglar ha dicho: «Andy Andrews es el mejor orador que he conocido». Andy es el autor de los superventas del *New York Times La maleta, ¿Cómo matar a 11 millones de personas?* y el clásico *El regalo del viajero*, que ha vendido más de dos millones de ejemplares en todo el mundo. Vive en Orange Beach, Alabama, con su esposa Polly y sus dos hijos.